W0363811

# POLOGNE

POLOGNE
La noblesse de la terre

Jurek Kuczkiewicz

ISBN 978-2-87523-210-6
Dépôt légal : novembre 2022
D/2022/9594/12
Troisième édition (première édition, 2013)


Éditions Nevicata
13, avenue du Geai
B-1170 Bruxelles
info@editionsnevicata.be
www.editionsnevicata.be

Ce livre est également disponible en version numérique.

# POLOGNE
## La noblesse de la terre

Jurek Kuczkiewicz

N*
COLLECTION
L'ÂME DES PEUPLES

SUÈDE
LETTONIE
MER
BALTIQUE
LITUANIE
RUSSIE
Gdansk
BÉLARUS
POLOGNE
Poznań
Varsovie
Łódź
LEMAGNE
Wroclaw
Czestochowa
Cracovie
Przemysl
UKRAINE
TCHÉQUIE
SLOVAQUIE
AUTRICHE
HONGRIE
ROUMANIE
N
SLOVÉNIE
0
50 km
CROATIE
SERBIE

*W pewnym mianowicie znaczeniu odpowiadamy za swoich*
(Dans un certain sens, nous sommes responsables de nos ancêtres)
*przodków*
Leszek Kołakowski

AVANT-PROPOS

# Pourquoi la Pologne ?

D'abord, oubliez ce que vous avez lu ou entendu ces dernières années sur la Pologne. Elle est une éternelle rebelle, qui ne se laisse jamais enfermer dans une description univoque.

Vous pensiez à un pays catholique archi-conservateur, une image que le parti populiste de droite Droit et Justice s'est employé à conforter depuis 2015 ? Ne vous y fiez pas. Vous pourriez ne rencontrer en Pologne que des citoyens ouverts sur un monde qu'ils ont sillonné, des enthousiastes pétris d'idéaux de tolérance, attachés au rêve de la construction européenne et à ses valeurs. Ils s'y arc-boutent d'ailleurs d'autant plus, à cette Union européenne et à ces valeurs, lorsque leur gouvernement les met en question par ses réformes bousculant l'État de droit.



En garderez-vous l'impression d'un pays libéral et progressiste, à l'image des gigantesques manifestations de femmes défendant leurs droits, ou de la lame de fond dévoilant les affaires de pédophilie couvertes par l'Église ? Gare aux illusions. Les références fréquentes aux valeurs catholiques traditionnelles, ou les récits, teintés de reproches, des malheurs interminables de ce pays au fil de son histoire, vous feront revoir votre jugement. La bataille culturelle et sociétale y est féroce.

Rien n'arrive en revanche à ôter aux Polonais ce qui les a toujours rendus attachants : leur résilience, leur débrouillardise, et surtout ce mélange de volonté et de fantaisie qui rend tout possible. Le succès n'est jamais assuré pour de bon. Un échec n'est jamais qu'un contretemps. Et l'humour, qui relativisera l'un comme l'autre, sera toujours au rendez-vous.

Le récit qui suit a été écrit en 2013. La réputation de la Pologne était au firmament, marquée par le succès de 25 ans de rattrapage sur l'Occident, de dix ans d'adhésion à l'Union européenne dont elle était devenue un acteur engagé, respecté et écouté. Au moment de la parution de cette nouvelle édition, domine une image bien différente. Avec le conflit en Ukraine, Varsovie a confirmé son statut de capitale européenne de premier plan, avant-poste de la résistance européenne face à la Russie. Mais la méfiance vis-à-vis de l'étranger, auquel est assimilée l'Union européenne, le ressentiment et la crispation ont, dans une large partie de la société polonaise, pris le pas sur l'optimisme et l'ouverture qui avaient marqué les deux décennies précédentes. C'est le ton imprimé par Jaroslaw Kaczynski et son parti Droit et Justice, allié idéologique du Hongrois Viktor Orban jusqu'à leur divorce sur fond de guerre en Ukraine et de relation à la Russie.

Notre voyage aux détours de « l'âme polonaise » est précisément un slalom entre ces deux facettes et leurs ressorts historiques. Deux faces d'une Janus polonaise, ou deux tendances qui ont cohabité et alterné dans le récit national dominant, depuis bien avant la chute du communisme ? Et si cette Pologne éternellement paradoxale, façonnée aujourd'hui par la guerre idéologique et culturelle en cours, dans ses colorations locales forcément pittoresques, n'était pas une réminiscence du passé ? Et si elle annonçait, en réalité, une tendance structurante de nos sociétés, à l'œuvre dans bien d'autres pays occidentaux ?

Toujours est-il que la Pologne est beaucoup plus ouverte, généreuse et diversifiée que l'image vindicative que lui ont accolée les dirigeants nationalo-conservateurs depuis 2015.

Peut-on ne pas aimer les Polonais ? Ce serait ne pas aimer un pouls qui bat, un muscle qui se tend, et une pensée qui tourbillonne. Vous aimez ce qui a du caractère ? Vous adorerez la Pologne, un pays qui en a.

# La noblesse de la terre

Quand on voyage en Pologne, impossible de ne pas les remarquer : les *ganki*. Qu'ils soient de brique, de bois, voire de béton pour les plus récents, ce sont des petits porches ou portiques appuyés sur deux colonnes, surmontés parfois d'un fronton et accessibles par deux ou trois marches. Les *ganki* (pluriel de *ganek*) agrémentent aussi bien la maison paysanne en bois, la somptueuse demeure patricienne que des pavillons dans des lotissements. Le *ganek* est le clin d'œil, le « mot code », le signe de reconnaissance parfois inconscient, la référence au style architectural qui incarne la polonité : celui du *dwór* ou, dans sa version plus modeste, du *dworek*.



Quand un Polonais pense à la maison de ses rêves dans un monde idéal, c'est presque immanquablement l'image du *dwór* qui lui viendra à l'esprit. Une bâtisse rectangulaire avec un toit pentu pour ne coiffer, souvent, qu'un seul étage de plain-pied. Des fenêtres régulièrement alignées ceinturent les façades, dont l'emblématique porche constitue la boucle. Le *dworek* rêvé du Polonais s'élève au milieu d'une propriété – elle peut être modeste – ceinturée d'une ligne visible : la clairière d'un bois, ou un simple enclos de ferme.

Le *dwór* ne prétend pas être un château. Il se contente d'enfermer la quintessence culturelle de la petite noblesse terrienne à laquelle le Polonais, de lignée aristocratique ou non, aime s'identifier.

## La noblesse, un esprit plus qu'un état

Tout Polonais ne possède pas son *dworek*, loin s'en faut. Posséder une « parcelle » de terre est en revanche très répandu. Passer le week-end sur sa parcelle ne signifie pas, comme je l'ai longtemps cru, planter une tente ou dormir dans une vague cabane. La « parcelle » polonaise accueille en général une maison bien plus sophistiquée que les chalets rudimentaires qui faisaient la joie de leurs heureux propriétaires à l'époque communiste. Mais qu'importe le type de construction. Le Polonais évoquera toujours sa « parcelle », sa terre !

Ce culte de la terre se décline, aujourd'hui comme autrefois, en loisirs de plein air. Selon sa région d'origine, chaque Polonais a « son » lac de prédilection, « sa » rivière, « son » coin de montagne, ou encore « son » bois secret où il part cueillir les champignons, un passe-temps national.

Cet attachement à la nature n'est pas propre au Polonais. Mais chez lui, ce trait de caractère est intimement lié à la mythologie de la noblesse terrienne, symbolisée par le maître en son *dwór*. Une mythologie qui a façonné l'âme polonaise bien au-delà du goût pour les balades champêtres. Vu de l'Occident, il est malaisé de comprendre que la noblesse puisse constituer un univers de référence par-delà les classes sociales actuelles. En Pologne, la *kultura szlachecka* (culture de la noblesse) est restée un univers de référence. Mythifié, mais universel.

Cela tient certainement, d'abord, à une réalité historique très différente de l'Europe occidentale. À la fin du dix-huitième siècle, la noblesse représentait dans le royaume unifié polono-lituanien quelque 9% de la population et plus encore au siècle suivant. Un noble sur dix, contre 5% en Espagne et en Hongrie, 2% en Angleterre et à peine 1% en France ! Cette noblesse polonaise n'était pas une caste infime. C'était un groupe social, minoritaire il est vrai, mais significatif. Et la *szlachta* (noblesse) n'était pas constituée que de grandes familles aristocratiques. La petite noblesse prédominait, constituant un maillage et une domination extrêmement serrés du territoire et de la société.

La plupart des sociétés européennes ont été façonnées par la bourgeoisie urbaine. Les marchands, les commerçants, les hommes de loi ont peu ou prou contribué à forger le modèle économique et culturel dominant. La société polonaise, au contraire, doit beaucoup à la campagne et à la petite noblesse. Le *szlachcic* (le noble) d'hier luttait pour préserver ses privilèges face aux rois ? Le Polonais d'aujourd'hui n'aime pas qu'on lui dicte ce qu'il fera pousser sur sa terre. En chaque Polonais sommeille ce seigneur, seul maître chez lui...

# L'ultime bastion de l'Occident

Cette culture prédominante de la noblesse a produit aussi un concept tout à fait unique à l'influence majeure sur le subconscient national, le sarmatisme. Formulé à la fin du seizième siècle et vivace jusqu'au milieu du dix-huitième, le sarmatisme fut une idéologie aux origines confuses, destinée à justifier le caractère unique et supérieur de la civilisation polonaise en Europe. La noblesse polonaise descendait, selon cette théorie, du peuple antique des Sarmates[1] qui lui aurait transmis l'amour inconditionnel de la liberté, la générosité, et le courage au combat.

Le sarmatisme, version polonaise du baroque, contribua énormément à la diffusion en Europe de l'image du noble polonais excentrique, bon vivant, épris de liberté mais querelleur et surtout politiquement irresponsable. À la limite du fanatisme. En magnifiant au dix-septième et au dix-huitième siècles le caractère prétendument unique de la civilisation polonaise, le sarmatisme a aussi beaucoup contribué à ancrer dans l'inconscient national polonais le sentiment d'occuper une place particulière qui s'avérera dans l'histoire peu confortable : entre l'Est et l'Ouest.

1 Peuple antique nomade du groupe scythique, cité pour la première fois par Hérodote. Ils ont progressivement supplanté les Scythes européens, remontant de la mer Noire jusqu'à la mer Baltique, au premier siècle de notre ère.

La Pologne s'est toujours présentée, sur le flan oriental, comme le dernier bastion de l'Occident chrétien. Les Polonais se sont toujours revendiqués du côté occidental. Et ils souffrent profondément chaque fois que cette appartenance est mise en doute ou, pire encore, ignorée à l'Ouest. Ce syndrome de la périphérie vaut pour un territoire délimité à l'ouest par l'Elbe, au sud par le Danube et à l'est par le Dniepr, comme l'explique dans son livre le sociologue Jan Sowa.

« Cette région est habitée par des sociétés qui ne parviennent pas à définir leur identité de façon autonome, sans se retourner sur un autre, qui serait pour elles un point d'idéalisation, positive ou négative : 'on veut être comme les Allemands, les Autrichiens, les Italiens, les Français, soit l'Occident', ou 'nous ne sommes pas comme les Russes, les Ukrainiens, les Turcs, les Asiatiques, soit l'Orient.' [...] On retrouve évidemment partout la tendance à la concurrence et à la comparaison. Pourtant aucun Allemand n'a jamais pensé si obsessionnellement qu'il voudrait ressembler au Hollandais plutôt qu'au Suisse, et aucun Français ne s'est jamais tant obstiné à prouver qu'il ressemble plus à l'Anglais qu'à l'Espagnol, comme les Polonais ont voulu s'assimiler aux Européens occidentaux plutôt qu'aux Russes, et les Hongrois aux Autrichiens, plutôt qu'aux Roumains[2]. »



2 Jan Sowa, *Fantomowe ciało króla. Peryferyjne zmagania z formą*, Universitas, 2011.

# Fiers d'être Polonais

Dire des Polonais qu'ils sont patriotes, ce n'est jamais qu'énoncer une banalité. D'autres nations affichent un patriotisme prononcé. Né de parents qui avaient dû quitter leur pays – et qui avaient fait le choix de ne pas y retourner – j'ai été baigné dans un patriotisme relativement débonnaire, dépourvu du moindre élément de supériorité. Installé en Pologne, j'en ai découvert un autre, beaucoup plus assertif. Une anecdote m'a particulièrement marqué.

En 1997, je vis et travaille à Varsovie. Une décennie ne s'est pas encore écoulée depuis la chute du communisme. Qu'il paraît loin pourtant ce régime disparu et son atmosphère glauque, dans ce pays et cette société qui se sont engouffrés avec enthousiasme sur le chemin de la prospérité et de la liberté ! Mon amie Teresa m'invite à l'accompagner dans un atelier d'éducation citoyenne pour adolescents de seize à dix-huit ans. Activiste, Teresa a aidé, dans les années 1980, les prisonniers politiques du régime communiste. Elle a été ensuite, en 1989–1990, assistante du groupe parlementaire issu du syndicat *Solidarność* lors de l'accession au pouvoir de ce dernier, transformé en parti politique[3]. Elle s'est réorientée ensuite vers l'action en faveur

3 *Solidarność* (Solidarité) fut l'unique syndicat indépendant dans le bloc communiste, autorisé par le régime en 1980 sous la pression de grèves. Interdit en décembre 1981 puis relégalisé en 1989, c'est avec lui que la direction communiste négocia un « partage du pouvoir », qui déboucha finalement sur la sortie du communisme.

de la jeunesse. Mon profil double de « Polonais » et « Européen » – c'est-à-dire Occidental – l'intéresse.

J'interviens au sein de cet atelier en tandem avec Henryk Wujec. Un honneur. Wujec fut un membre éminent du KOR (le Comité de défense des ouvriers, l'assise intellectuelle de *Solidarność*) et l'un des piliers de cette génération qui fit tomber le communisme, emmenée par les Geremek, Mazowiecki, Kuroń ou Michnik[4]. À l'instigation de nos hôtes, Wujec et moi évoquons la place de la Pologne en Europe, alors que le pays reste encore à cette époque loin de l'OTAN et de l'Union européenne. Le public commente paisiblement nos interventions. Jusqu'à ce qu'un jeune homme s'envole dans une tirade patriotique, concluant : « Nous pouvons tous être fiers d'être Polonais ». Avant d'inviter ses camarades à « nous applaudir nous-mêmes ».



Après la séance, mon amie nous raconte, mi-amusée, mi-déconfite, que lors d'un atelier précédent, le jeune homme avait fait réciter à son groupe le poème *Qui es-tu*. C'est un célèbre poème patriotique pour petits, datant du dix-neuvième, mais toujours enseigné aux enfants :

4 Bronisław Geremek, Tadeusz Mazowiecki, Jacek Kuroń et Adam Michnik : voir page 81.

– « Qui es-tu ?
– Un petit Polonais

– Quel est ton emblème ?
– L'aigle blanc

– Où habites-tu ?
– Parmi les miens

– Dans quel pays ?
– Sur la terre polonaise

– Qu'est cette terre ?
– Ma patrie



– Comment fut-elle conquise ?
– Par le sang et les blessures

– L'aimes-tu ?
– Je l'aime sincèrement

– En quoi crois-tu ?
– Je crois en la Pologne

– Qu'es-tu pour elle ?
– Un enfant reconnaissant

– Que lui dois-tu ?
– Lui sacrifier ma vie. »

POLOGNE

Près de vingt ans plus tard, ce type de bouffées patriotiques n'a pas disparu. Elles sont mêmes une constante du débat politique. Mais elles commencent à générer leurs propres antidotes, comme j'ai pu en observer un exemple en décembre 2012. Devant le centre d'art contemporain Zachęta à Varsovie, sous un crachin peu engageant, une manifestation avait été convoquée par les partis de gauche et le parti anticlérical Palikot, pour commémorer l'assassinat, en 1922, du premier président de la Pologne redevenue indépendante, Gabriel Narutowicz. Objectif ? Dénoncer les dérapages nationalistes.

Le symbole est bien choisi. Narutowicz avait été élu par les progressistes grâce aux quelques voix d'appoint des représentants des minorités, notamment la juive et l'allemande. L'élection avait alors déclenché la colère des nationalistes et une véritable campagne de haine. Quelques jours plus tard, inaugurant une exposition à Zachęta, le président fut abattu à bout portant par un militant nationaliste.

J'attends, au milieu de la petite foule militante, les discours antinationalistes de circonstance. Or quelle n'est pas ma surprise d'entendre les organisateurs entonner, avant tout autre slogan, la *Mazurka de Dabrowski*, l'hymne national polonais ! À la fin de la manifestation, je m'approche d'une manifestante septuagénaire que je viens d'entendre plaisanter, au bout de son téléphone portable, sur la présence de nombreux « commuches »[5] – le vieux sobriquet pour communistes – à la tribune.

5 « *Komuchy* » en polonais.

« N'est-ce pas étonnant de chanter l'hymne national à une manifestation contre le nationalisme ?

– Mais non, pourquoi ? Et que voudriez-vous qu'on chante : l'hymne européen ?
– Pas spécialement... Mais pourquoi faut-il chanter un hymne ? Le patriotisme et le combat contre le nationalisme, n'est-ce pas un peu contradictoire ?
– Je ne pense pas. Il y a des petites patries, et des grandes patries : il ne faut simplement pas les mettre en opposition. »

Avec cette répartie assumée et paisible, mariant l'attachement au pays et à des patries plus universelles, la petite dame m'a fait entendre la meilleure définition possible d'un patriotisme aimable...



Des patriotismes, vous en rencontrerez donc de tous les genres en Pologne. Le bucolique, qui se manifeste dans l'incroyable attachement des Polonais à leur terre. Seul un Polonais peut reconnaître dans la musique de Chopin la beauté mélancolique d'une plaine de Mazovie où les champs de blé dialoguent sous le soleil avec des petits bosquets de bouleaux. Patriotisme populaire, résumé par nombre de dictons : « Le Polonais est un débrouillard », « Polonais affamé, Polonais méchant », « Le Polonais est toujours intelligent après le dommage », ou encore, en écho plus désuet au culte libertaire, « On n'est contraint qu'en Russie ; en Pologne, on fait ce qu'il nous plaît ».

## Une litanie de malheurs

Il y a enfin la veine historique, dont les racines plongent dans l'anthologie des actes de bravoure nationale. Impossible pour le visiteur, lors de l'incontournable première soirée bien arrosée en compagnie d'amis ou de collègues polonais, d'échapper à un cours accéléré sur l'histoire du pays, version doloriste. La litanie des malheurs endurés par la Pologne au fil des siècles, juxtaposée aux exploits supposés lui conférer le statut éternel de grande nation, s'invite immanquablement dans la conversation.

Les exploits les plus cités ? La bataille de Grunwald en 1410 où le Royaume unifié de Pologne-Lituanie défit les Chevaliers teutoniques. La victoire sur les Ottomans du roi Jean Sobieski à Vienne en 1683. Ou le « miracle de la Vistule » en 1920, lorsque la jeune armée polonaise dirigée par Józef Piłsudski, le père de l'indépendance, mit en déroute l'armée bolchevique.

La liste des traumatismes nationaux est en revanche sensiblement plus longue. Elle commence par l'invasion suédoise de 1655, appelée le « Déluge », et perpétuée par l'œuvre littéraire de Henryk Sienkiewicz, lecture scolaire obligatoire. Suit la catastrophe absolue, le dépeçage de la Pologne entre la Russie, l'Autriche-Hongrie et la Prusse, de 1772 à 1918, où l'État polonais fut purement et simplement effacé de la carte européenne. Enfin, rien ne rivalise en horreurs et en larmes avec les asservissements successifs aux deux puissances totalitaires du vingtième : l'Allemagne nazie et l'URSS communiste.

Le nazisme, comme le communisme, ont d'autant plus contribué à cette « martyrologie » nationale qu'ils ont laissé derrière eux deux massacres emblématiques. L'assassinat à Katyn, par les soviétiques en 1940, de plusieurs milliers d'officiers de l'armée polonaise. Et l'insurrection de Varsovie contre l'occupant allemand en août 1944, décidée par le commandement de l'Armée secrète et écrasée par les nazis pendant que l'armée de Staline attendait tranquillement de l'autre côté de la Vistule.

Quelle place occupe en revanche dans le « récit national » le plus grand massacre de tous les temps, l'Holocauste, commis par les nazis principalement sur le territoire occupé polonais où ils installèrent le plus célèbre camp d'extermination, celui d'Auschwitz-Birkenau ? À vrai dire, l'extermination des Juifs par les nazis reste étrangement absente. Sur les six millions de Juifs assassinés, la moitié avait pourtant la citoyenneté polonaise. Les Juifs, ne l'oublions pas, représentaient avant-guerre un dixième de la population de la Pologne et souvent un tiers de celle des villes. Mais le récit patriotique populaire, auquel un fonds antisémite n'est pas étranger, en appelle toujours aux souffrances passées du peuple polonais – sous-entendu des Polonais « non-Juifs » – sous l'oppression nazie.

Ces tragédies passées, en Pologne, remontent régulièrement à la surface au gré d'étonnantes collisions factuelles.

Un grand musée de l'Insurrection de Varsovie existait ainsi à l'état d'éternel projet. Mais c'est en 2004 que ce lieu destiné à rendre hommage à « ceux qui combattirent pour une Pologne libre et indépendante » a été ouvert, sous la férule de Lech Kaczyński, alors maire de Varsovie et futur président. Lequel trouva la mort, six ans plus tard, avec une centaine de leaders politiques et militaires dans le crash de l'avion présidentiel qui les conduisait à Smolensk, en Russie, pour… commémorer le massacre de Katyń commis par l'Armée rouge.

La catastrophe de Smolensk est l'archétype des opérations de mythification exploitées par le camp national-catholique. Pour celui-ci, le défunt président était un combattant héroïque pour la défense de la souveraineté, victime d'un nouveau complot russe… On le voit, s'émanciper totalement de cette « martyrologie » reste presque impossible. « Que veux-tu, nous ne nous sommes toujours pas débarrassés de cette manie de nous rouler dans les cadavres », me résuma un jour crûment un cousin.

## Marie, reine de Pologne

Peut-on écrire sur l'âme de la Pologne sans évoquer l'Église catholique ? Non, on ne peut pas. Pour prendre le pouls de cette Pologne-là, nul autre lieu ne convient mieux que le monastère de Jasna Góra[6], à Częstochowa, plus connu comme

6 « Montagne Claire ».

le sanctuaire de la fameuse Vierge Noire[7]. Un monastère gardé depuis des siècles par les moines paulins[8].

« Ici, nous Polonais, nous nous sommes toujours sentis libres. » Le père Robert, solide gaillard dont le haut de la soutane blanche est caché par une grosse veste d'hiver, dégaine cette citation de Jean-Paul II quand je lui demande si c'est ici que bat le cœur de la Pologne.

Un moine paulin ne se fera pas prier pour vanter le caractère particulier de ce lieu consacré à Marie, « reine de Pologne ». Il m'emmène illico à la salle du Trésor. Ce petit musée de la taille d'une grande salle à manger porte bien son nom. Y sont exposés, chargeant les murs et les vitrines du sol au plafond, les ex-voto les plus précieux du monastère. Des pièces liturgiques, merveilles d'orfèvrerie offertes ou léguées par des rois de Pologne. Des objets ayant appartenu à d'autres grands Polonais tels que la plume du grand écrivain Henryk Sienkiewicz[9], la médaille du prix Nobel de la paix de Lech Wałęsa... Mais aussi des ex-voto d'anonymes, dont le père Robert me désigne les

7 Il s'agit d'une icône peinte sur bois, de style byzantin, représentant une madone et son enfant noirs. Probablement peinte dès le douzième ou treizième siècle, elle aurait été déplacée d'Ukraine vers le monastère de Częstochowa vers la fin du quatorzième. En reconnaissance au « miracle » du sauvetage du monastère lors du siège suédois, le roi Jean Casimir plaça la Pologne sous la protection de Marie, désignée « Reine de Pologne ». Le pape Clément autorisa par décret le « couronnement » de l'icône en 1716.

8 L'ordre de Saint Paul l'Ermite, communément appelé ordre paulin, fondé en 1245. Voué à la contemplation et au culte de la Vierge, le monastère de Jasna Góra en abrite le siège.

9 Henryk Sienkiewicz (1846–1916), journaliste et romancier, lauréat du prix Nobel de littérature en 1905. Il est l'auteur de nombreux romans historiques exaltant la nation polonaise, dont les plus connus sont la « Trilogie » : *Par le fer et le feu*, *Le Déluge*, et *Messire Wołodyjowski*. Le roman *Quo Vadis*, qui décrit la vie des chrétiens à Rome sous Néron, lui a valu une notoriété mondiale, amplifiée par la mise à l'écran hollywoodienne de 1951.

plus symboliques, comme ce chapelet fabriqué avec de la mie de pain par des prisonniers polonais du camp de concentration de Dachau, en Allemagne. Chaque pièce semble avoir contribué à l'histoire de la Pologne catholique.

Le père Robert étant accaparé par une grand-messe en l'honneur du supérieur général de son ordre, je me promène à travers Jasna Góra et ses quelques hectares ceints d'une fortification. J'y étais venu une première fois dans les années 1970, à l'âge de douze ans, en excursion touristique. En plein été et en plein communisme. La colline, alors, débordait de monde, comme c'est toujours le cas aujourd'hui en été. Mais en cette journée venteuse et froide d'avril, la foule n'est pas au rendez-vous. Seuls quelques groupes de jeunes circulent, à chaque fois précédés d'un religieux en soutane. Je suis témoin des « pèlerinages des terminales », une tradition revigorée depuis vingt ans. À l'approche des examens, les lycéens de toute la Pologne affluent pour demander à la Vierge Noire de les aider à obtenir leur baccalauréat. Un pèlerinage incongru dans une bonne partie de l'Europe, mais jugé tout naturel ici. Deux lycéennes s'esclaffent en me racontant cette blague dite par un curé qui aurait surpris un étudiant faire plusieurs fois le tour de l'autel à genoux pour améliorer ses notes...

Chaque célébration ici le rappelle. Jasna Góra est une place forte. Au sens propre comme au sens sacré. Les moines paulins, d'ailleurs, ne lésinent pas sur des formules un tantinet guerrières : « ... Seigneur, toi qui as glorifié le Saint Tableau de Jasna Góra par la vénération extraordinaire des fidèles, fais que nous combattions pour la défense de la foi... » puis-je entendre au début de l'office dans la chapelle de la Mère de Dieu.

Sur la promenade des remparts fortifiés où il m'emmène achever notre conversation, le père Robert est ravi d'entendre ma vision de la Pologne qui commence à être perçue en Europe comme un pays important et sérieux. « C'est vrai, la Pologne a de quoi être fière, et elle peut apporter à l'Europe l'une ou l'autre chose qui lui manquent » conclut le moine. Confusément, je sens que lui et moi, nous ne pensons pas tout à fait à la même chose.

## « Priez, mais baissez le son ! »



Gare aux clichés toutefois. Les démonstrations de religiosité ne font pas l'unanimité. Il suffit, pour s'en rendre compte, de quitter la colline de la Montagne Claire et son monastère pour descendre dans la ville en contrebas. Avec ses 240 000 habitants, Częstochowa est la treizième plus grande ville de Pologne. C'est aussi la seconde de Silésie, région industrielle identifiée aux charbonnages et à la sidérurgie. J'y retrouve Paweł et Dorota, journalistes de la rédaction locale du grand quotidien national *Gazeta Wyborcza*. Deux jeunes Polonais comme je les adore, incarnant cette Pologne sans complexes, tournée vers l'avenir, débordant d'esprit et de culture. Ils rient lorsque je leur demande de me décrire la ville, abstraction faite de Jasna Góra. « Le monastère vit sa vie en tournant le dos à la ville. Jasna Góra est un pôle d'attraction majeur dans le pays, mais la ville n'en tire aucun bénéfice. Le monastère a son hôtel, ses campings, ses restaurants et ses échoppes d'articles de dévotion. On parle toujours d'attirer le pèlerin vers la ville. Mais les moines n'y voient aucun intérêt. »

L'image vaut pour le reste de la Pologne. Un sanctuaire omniprésent et tout-puissant face à une réalité qui lui échappe. En fait, Częstochowa est la ville la plus anticléricale de Pologne. Le maire actuel, Krzysztof Matejaszczyk, un social-démocrate, avait fait campagne sous le slogan « Je ne me prosternerai pas devant Jasna Góra ». Avant de prendre la mesure la plus « clivante » qui soit en Pologne, une allocation aux procréations assistées que la sécurité sociale polonaise ne rembourse pas. La décision, une première dans le pays, a instantanément donné à Częstochowa l'image de ville la plus progressiste de Pologne. Tout le contraire d'une génuflexion devant Jasna Góra.



L'anticléricalisme polonais, l'un des plus virulents que je connaisse en Europe, n'est pourtant pas le fait d'athées ou d'agnostiques, très minoritaires dans le pays, mais de catholiques pratiquants. Paweł est de ceux-là. Sa femme est catéchiste. Mais, comme beaucoup de Polonais profondément croyants, il ne se reconnaît pas dans l'institution catholique polonaise lorsqu'il entend le primat avertir que « le mal rôde et la Pologne est menacée », ou l'évêque local déclarer que « la Pologne est aujourd'hui plus asservie que sous le communisme ». Il s'irrite aussi de voir

Jasna Góra accueillir le « pèlerinage patriotique des supporters de football », pas précisément réputés pour leur comportement chrétien. « J'enrage quand je vois ces voyous en écharpes à Jasna Góra ! Ils nous l'ont volé » dit-il en parlant du lieu saint qui, « à l'époque du communisme était un vrai espace de liberté, le seul endroit où les ZOMO – la police antimanifestations – n'entraient pas ». Place forte depuis qu'il a subi un siège lors du « Déluge » suédois au dix-septième siècle, le monastère est, selon Paweł, devenu aujourd'hui « la forteresse de Smolensk », le haut lieu des théories du complot sur la catastrophe aérienne où a péri le président Kaczyński. Un lieu de ralliement pour la droite nationaliste. « C'est toujours une forteresse, conclut Paweł. Et les paulins sont encore et toujours postés sur leurs remparts, comme au temps du Déluge, à guetter où se cache cet ennemi... »



## Un Karol Wojtyła en fibre de verre

En Pologne, un élément de farce finit invariablement par perturber tout ce qui commence à devenir trop sérieux. Alors que j'étais à Częstochowa, un seul sujet alimentait toutes les conversations dans la ville. L'inauguration, prévue pour le samedi suivant, de « la plus grande statue au monde de Jean-Paul II ». Voici son histoire.

Contrairement à ce que le bureau d'information de Jasna Góra indique aux pèlerins, il y a bien une attraction touristique dans la ville de Częstochowa. Il s'agit d'un parc de reproductions miniatures de monuments catholiques du monde. Le parc en question n'a rien à voir avec l'Église. Celui-ci a été créé par des entrepreneurs avisés et fait partie d'un ensemble plus large, baptisé *Złota Góra*, la « Montagne dorée ». La parenté avec Jasna Góra est patente...

Leszek Łysoń, actionnaire et directeur général, raconte volontiers la genèse de son projet de statue. En 2010, l'homme d'affaires séjourne en vacances en Croatie et sauve in extremis de la noyade son jeune fils, tombé d'un canot. M. Łysoń décide alors de remercier le Ciel en érigeant la plus haute statue au monde de celui qui, avant d'être élu pape sous le nom de Jean-Paul II, fut le très populaire cardinal archevêque de Cracovie. Une firme polonaise de constructions en fibre de verre se voit commander un Karol Wojtyła haut de vingt mètres. Le fabricant la raccourcit à quatorze, par peur des bourrasques. C'est assez pour que la réplique du saint-père soit visible en tout point de la ville de Częstochowa !

Leszek Łysoń n'en reste toutefois pas là. Le voilà décidé à obtenir pour sa statue la bénédiction de l'Église. Au sens propre comme au figuré ! Ce qui était loin d'être acquis. D'abord, parce que Jean-Paul II s'est toujours opposé à ce qu'on lui érige des statues – même si celles-ci ont proliféré en Pologne. Ensuite, parce que l'Église locale n'a guère envie de bénir un parc d'attractions très commercial, visible du monastère de la Vierge Noire, « reine de Pologne ». Enfin, parce que cette histoire d'action de grâce pour le « fils sauvé des eaux » n'a pas manqué de susciter les quolibets dans la population et la perplexité de la hiérarchie catholique.

N'empêche, l'entrepreneur a fini par obtenir le patronage du primat de Pologne. Avec, en prime, une promesse de bénédiction de la statue par l'évêque de Częstochowa le jour de son inauguration. Le samedi 13 avril 2013, la statue de Jean-Paul II de Częstochowa a donc été inaugurée, bras ouverts face au monastère, avec toute la pompe réservée d'ordinaire aux importants bâtiments publics, bénie par l'archevêque, et en présence du maire de la ville « qui ne se prosterne pas devant le monastère ». Le tout sur fond de débat enragé entre les partisans du monument et la plupart des architectes de la ville mobilisés contre cette « horreur architecturale et urbanistique » en fibre de verre blanche. Avec croix, chapelet et armoiries pontificales dorés.



## Renaissances identitaires

Changement de registre, toujours en Silésie. Wiesława est professeur de mathématiques. Leszek est entrepreneur du bâtiment. Nous sommes à Wrocław, l'ancien Breslau, repris à l'Allemagne à la fin de la Seconde Guerre mondiale.

L'appartement aux hauts plafonds typiques des grosses bâtisses d'avant-guerre a l'odeur et l'atmosphère indicibles de l'époque communiste, lorsque l'extérieur était gris et que toute la chaleur et l'hospitalité polonaises se condensaient dans ces petits intérieurs modestes, mais à l'extraordinaire richesse humaine et intellectuelle. Nous devisons sur la Pologne d'aujourd'hui, sur leurs vies, leurs espoirs.

La famille de Leszek et Wiesława illustre les mutations polonaises. Leur fille Ania, venue se réfugier chez eux avec son mari et leur nouveau-né pour échapper aux travaux de rénovation à leur domicile, est une Polonaise et une Européenne bien dans sa peau. Germaniste, elle est professeur d'allemand dans l'enseignement supérieur à Opole, une ville située à mi-chemin entre les deux métropoles silésiennes, Katowice et Wrocław. Elle voyage régulièrement en Europe. En Silésie, elle observe la cohabitation de deux identités : polonaise et silésienne. « Le silésianisme existe, m'explique-t-elle. Mes étudiants parlent entre eux le patois silésien. Mais ce qui me choque, c'est que des enseignants parlent allemand entre eux, à la salle des profs ! »

Qu'on ne s'y trompe pas ! Ania, comme ses parents, est tout sauf une nationaliste obtue. Habitante de Silésie, une région tour à tour sous domination allemande et polonaise, la jeune mère de famille ne serait pas passionnée de culture germanique et n'aurait pas enseigné la langue de Goethe si elle était une patriote polonaise étriquée. Mais son expérience montre combien le mythe d'une Pologne mono-nationale, mono-ethnique et mono-religieuse est aujourd'hui erroné.

La réalité statistique, pourtant, accrédite cette image. En 2011, la Pologne comptait 38,5 millions d'habitants, parmi lesquels 97% se déclaraient de nationalité polonaise, au sens du sentiment d'appartenance nationale. Seuls 2% déclaraient deux nationalités. La nationalité minoritaire la plus importante est la silésienne. Un peu plus de 400 000 citoyens polonais se définissent d'abord comme Silésiens. Ils sont le double à se revendiquer simultanément des nationalités polonaise et silésienne. 74 000 citoyens polonais se déclarent de leur coté d'abord Allemands. Et 45 000 exclusivement Allemands. Fait peu connu néanmoins, y compris en Pologne, des minorités y bénéficient des droits classiques de protection de leurs langues et patrimoines culturels et de représentations parlementaires garanties par le système électoral.



Je ne connaissais pour ma part que le reflet caricatural ordinaire de l'identité silésienne. Une langue considérée comme un patois, accolée à l'ancien *lumpenproletariat* de cette région minière. Un particularisme qui semblait destiné à disparaître. Le succès du site *gryfnie.com*, découvert par hasard au lendemain de ma rencontre avec Ania et sa famille à Wrocław, m'a fait comprendre mon erreur. *Gryfnie* – « marrant » en silésien – est l'œuvre d'un jeune couple. Krzysztof est un Cracovien qui a grandi en Silésie. Son épouse Klaudia est une vraie Silésienne. Leur intuition ? Créer un vrai site, moderne et ludique, consacré à la langue et à la culture silésiennes. Un magasin en ligne de t-shirts et de gadgets dans le style *street art* achève la mue. Le Silésien et sa culture sont devenus branchés !

Questionner l'homogénéité de la Pologne à Wrocław a du sens. Cette ville importante, la quatrième du pays avec 600 000 habitants, fut polonaise jusqu'au seizième siècle, avant de passer à la Bohême, à l'Empire austro-hongrois, puis à la Prusse. Devenue « Breslau », elle fut la plus importante métropole orientale de l'Allemagne, jusqu'en 1945. Wrocław est surtout indissociable du partage opéré à Yalta où Staline obtint de Roosevelt et Churchill de repousser les frontières occidentales de l'URSS de quelque deux cents kilomètres vers l'ouest[10]. Un gigantesque et traumatisant troc de territoires et de populations.

D'un coté, la Pologne occidentale se vit attribuer une part de territoire allemand. De l'autre, la Pologne orientale fut découpée au profit des républiques soviétiques de Lituanie, de Biélorussie et d'Ukraine. Avec des flux massifs de réfugiés et de déracinés à la clef. Wrocław devint ainsi, après la guerre, la destination principale des habitants déplacés de Lwów, la capitale de la Galicie orientale, ayant longtemps appartenu à l'Empire austro-hongrois. Tout un symbole. Lwów était un épicentre intellectuel et culturel de la Pologne indépendante de l'entre-deux-guerres, autour d'une importante université. Avec une bonne partie de sa population, c'est tout un macrocosme qui fut transplanté



10 L'histoire de Wrocław est emblématique du passé complexe et tumultueux de l'Europe centrale. Cette dimension métaphorique est l'angle d'attaque d'une magistrale histoire de la ville écrite par les historiens Norman Davies, spécialiste de la Pologne, et Roger Moorhouse. (*Microcosme : portrait d'une ville d'Europe centrale*, Éd. La Contre Allée, 2013).

tel quel à Wrocław au lendemain des hostilités. L'ex-Breslau bénéficia alors instantanément d'une prestigieuse université où les professeurs enseignaient avec l'accent typique, traînant et chantant, des Polonais de l'Est.

## Un pays amputé

Ces déplacements forcés dans une région dévastée, au lendemain d'une occupation nazie cruelle et au seuil de l'oppression soviétique, s'avérèrent tragiques pour des millions de familles, y compris bien entendu pour les Allemands chassés de Pologne. Ce funeste chassé-croisé eut pour autre conséquence de tourner la page du caractère multi-national, multi-ethnique et multi-religieux de la Pologne de l'entre-deux-guerres, mais aussi de l'ancien royaume polono-lituanien. Sur les décombres du conflit fut sacrifiée une formidable diversité.

La coexistence actuelle entre une écrasante majorité de Polonais et quelques faibles minorités n'est donc rien en comparaison de l'ancienne diversité. Celle-ci avait été réelle dans tout le pays, et particulièrement prégnante dans sa moitié orientale. Entre 1920, lorsque la Pologne redevenue indépendante remporta sa guerre sur la jeune URSS, et 1939, le pays englobait des territoires où vivaient 5 millions d'Ukrainiens, 800 000 Biélorusses, et 200 000 Lituaniens, dont la capitale actuelle Vilnius était territoire polonais…

La Pologne comptait enfin 3 millions de Juifs. Une communauté dont l'établissement et le développement, favorisés par les rois polonais et leur politique de tolérance religieuse, remontait au premier siècle du premier millénaire. Impossible donc de comprendre la Pologne, son âme mais aussi des pans de sa politique étrangère actuelle sans mesurer le double traumatisme de la perte des territoires orientaux d'avant 1939. Traumatisme de la perte de l'Est, éternel territoire d'expansion, sorte d'Éden dans l'imaginaire et la mythologie polonais. Traumatisme moins conscient, mais profond, d'une Pologne réduite de l'état de pays multi-national à un état mono-national. Et mono-religieux.



## Un Éden perdu

Je ne me suis rendu compte que bien tard à l'âge adulte, vivant en Pologne depuis plusieurs années, combien mon histoire familiale, au-delà des destins personnels, était parlante sur ces deux traumatismes nationaux...

Mon père était de Czortków, un petit chef-lieu d'arrondissement en Podolie, province de l'ancienne Galicie orientale, à une centaine de kilomètres au sud-est de Lwów (aujourd'hui Lviv en ukrainien). Mon grand-père, issu d'une famille de juristes, était procureur au tribunal d'arrondissement. Un notable donc dans cette ville dont l'élite était structurée autour de deux pôles :

le tribunal et la garnison de cavalerie – élite de l'armée, on les appelait toujours les *uhlans* – dont un oncle avait été colonel.

Dans les descriptions paternelles bucoliques, la Podolie était littéralement un paradis. « Les cerises avaient la taille de prunes, les prunes avaient la taille de pêches et elles étaient transparentes… » (« Mais c'était vraiment comme cela ! » nous a assuré un jour une vieille dame originaire de Podolie, rencontrée en Pologne, à qui ma sœur et moi avions raconté en riant les idylliques descriptions paternelles). À la profusion de la nature s'ajoutait, toujours selon les souvenirs de mon père, une organisation sociale harmonieuse. Ou du moins vécue comme telle par les classes supérieures.



Un jour, un juge avec lequel mon grand-père s'entendait particulièrement bien, voulut inviter mes grands-parents à dîner. Le collègue était Juif. Mon grand-père déclina à regret et ne donna jamais suite. « Il ne pouvait faire autrement, justifiait mon père en racontant la triste anecdote. S'il avait accepté, tous les autres Juifs auraient voulu à leur tour avoir tes grands-parents à leur table. »

Mon père, quant à lui, se vit un jour remonter les bretelles par son propre père pour être entré dans la ville juché sur une charrette de paille conduite par un paysan. Le charretier qui avait embarqué mon père était un bon camarade de classe, mais… « c'était inconvenant pour un fils du procureur » me raconta mon père. Je n'ai compris que bien plus tard que ce camarade de classe était très probablement Ukrainien.

Dans cette Podolie mirifique, chacun devait tenir son rang. L'origine, la religion et le statut social y prédéterminaient la place de chacun[11].

## Juive et Polonaise

Deux cents kilomètres plus à l'ouest, à Przemyśl, qui fait toujours partie de la Pologne, la place de la famille de ma mère était sensiblement différente. Jusqu'à l'âge de vingt ans, je ne sus presque rien de son enfance. Sinon que, de famille aisée – puisque son père était avocat – le début de la guerre l'avait faite orpheline à dix-huit ans.

Ma mère attendit que nous soyons adultes pour nous révéler qu'elle était Juive. Descendant d'une grande famille d'intellectuels, son père était un Juif laïc assimilé, qui se considérait tout aussi Polonais que les non-Juifs. Lorsque les nazis emmenèrent ses parents vers l'extermination, ma mère en réchappa, cachée par des Polonais non-Juifs. Elle obtint de faux papiers, sous un faux nom. Elle se convertit aussi au catholicisme, joignant la nécessité vitale du moment à l'attraction qu'exerçait sur elle cette foi depuis qu'elle était petite. Montée à Varsovie, elle y vécut sous la protection d'une famille polonaise, travaillant dans un hôpital tout en intégrant l'Armée secrète. Et c'est du côté « aryen » qu'elle assista à



11 Pour une description de l'Éden perdu, on lira *Sur les bords de la vallée de l'Issa*, le chef-d'œuvre du prix Nobel de littérature polonais Czeslaw Miłosz. Voir la bibliographie en fin de cet ouvrage.

l'insurrection du ghetto juif de Varsovie en 1943, avant de participer elle-même, comme agent de liaison, au soulèvement de la ville en 1944[12].

Les histoires d'innombrables familles polonaises abondent en souvenirs tumultueux et dramatiques. Deux éléments du récit de ma mère restent ancrés dans ma mémoire. Sa description de Varsovie lorsque, avec toute la population combattante, elle fut évacuée vers un camp après leur écrasement par les nazis. « On voyait la ville d'un bout à l'autre, ses ruines au niveau de nos genoux ». Et un vœu, si polonais : « Si je reviens un jour en Pologne, je ferai le pèlerinage au monastère de Częstochowa. » Une promesse accomplie au milieu des années 1980, quinze ans après son premier retour dans son pays natal.

D'avoir appris mes origines juives ne changea pas grand-chose dans un premier temps à ma vision de la polonité, à mon sentiment d'appartenance très peu affecté par la découverte d'une judéité abstraite et de l'antisémitisme qui colle à l'image de la Pologne. Mais avec les années, en particulier

12 Deux événements bien distincts. L'insurrection du ghetto : le 19 avril 1943, les jeunes dirigeants des organisations résistantes du ghetto juif de Varsovie décidèrent un soulèvement armé contre les nazis. Il ne restait plus qu'environ 50 à 70 000 Juifs dans le ghetto. Plutôt que d'attendre leur déportation vers les camps d'extermination, principalement Auschwitz, ils décidèrent de mourir les armes à la main. Leur lutte héroïque, avec quelques dizaines d'armes, dura un mois, jusqu'à la mort ou la capture des derniers survivants.
L'insurrection de Varsovie, août 1944. Soulèvement général contre l'occupant nazi décidé par l'Armée secrète polonaise. L'objectif était de reprendre le contrôle de la capitale, afin de redonner une existence à un État polonais libre, lequel aurait pu participer aux négociations sur son propre sort. Il n'en fut rien : les nazis écrasèrent le soulèvement et détruisirent la ville.

celles vécues en Pologne, j'ai fait des découvertes paradoxales. Contrairement à ce que j'ai longtemps pensé, abreuvé par des discours niant tout antisémitisme, la Pologne abrite bien dans certains milieux un fonds antisémite, régulièrement ravivé par des populistes et des agitateurs nationaux-catholiques, dont une partie du clergé.

Je n'avais jamais suspecté en revanche le puissant courant philo-sémite qui traverse la classe intellectuelle. Logique. Comment pourrait-on éviter de reconnaître dans la culture polonaise et son histoire les énormes contributions d'artistes et de scientifiques juifs ? Le terme de contribution est d'ailleurs inapproprié. La culture polonaise *est* pour une part juive, comme la culture juive européenne *est* aussi polonaise.



Lorsque je me suis rendu pour la première fois de ma vie à Przemyśl où ma mère avait vécu son enfance, je croyais déjà bien connaître la Pologne et les Polonais. Mais alors que j'arpentais les rues ensoleillées de cette ravissante petite ville traversée par la rivière San, ce sont des reflets de parts d'âme qui ont scintillé à mes yeux. Scrutant les moindres traces ou témoignages de la jeunesse de ma mère, je savais bien qu'il manque à Przemyśl une population juive qui aurait dû constituer un tiers de ses habitants. En découvrant les bâtisses de l'église ukraino-byzantine et de la grecque orthodoxe, qui toisent tranquillement les quelques églises catholiques et des vestiges peu discernables d'une vie juive autrefois foisonnante, c'est l'image paisible et complexe d'une diversité multiséculaire disparue que j'entrevoyais.

## La diversité retrouvée

C'est à Przemyśl que j'ai commencé à comprendre la mythologie de l'Est, si chère à la génération de mes parents. La perte de ces territoires a représenté une amputation dont le caractère tangible finit rapidement par s'estomper. Les nouvelles légitimités territoriales supplantent les anciennes plus aisément qu'on ne le pense[13]. Mais la perte de la diversité religieuse, ethnique et nationale qui a structuré et fermenté l'histoire et l'identité polonaises durant des siècles, a sans doute eu des effets beaucoup plus profonds. Avec l'ablation de cette diversité, l'âme polonaise s'est retrouvée à la fois orpheline d'un paradis perdu et d'une part d'elle-même...



Des initiatives de plus en plus nombreuses cherchent d'ailleurs à désenfouir ce passé. L'une des plus intéressantes est celle de *Pogranicze* (les Confins), un centre des arts, des cultures et des nations, doublé d'une fondation. Il s'est installé à la fin des années 1980 à Sejny, petite localité située à quelques kilomètres des frontières lituanienne et biélorusse. Dans ce coin qui passe encore pour l'un des plus reculés de Pologne, une rencontre entre la troupe d'un théâtre alternatif et le prix Nobel de littérature Czesław Miłosz fut déterminante.

13 On racontait la blague suivante du temps de la Pologne communiste. Un Polonais demande à un autre : « Que pensez-vous de la question du Proche-Orient ? – Bah, répond l'autre, nous récupérerons peut-être un jour Wilno (Vilnius), mais Lwów plus jamais ! »

C'était à un moment charnière de l'histoire, en 1989, le renversement du communisme. « Deux chemins s'y sont croisés » expliquait Krzysztof Czyżewski, fondateur et directeur de *Pogranicze*. « D'un côté, Miłosz revenait aux lieux de son enfance, à un monde qui avait été si puissant qu'il avait irrigué toute son œuvre. Et de l'autre côté, nous sommes apparus là, un groupe de jeunes gens repus de ses livres, mais vivant déjà dans un autre monde spectaculairement différent et qu'il fallait organiser d'une façon nouvelle[14]. »

À travers *Pogranicze* s'est matérialisé ce double objectif. Reconstruire un pays et créer « un centre de pratiques culturelles plongé dans l'espace des confins ». Objectif atteint. Vingt ans après sa création, le centre offre un chapelet d'activités – théâtre, orchestre klezmer, centres d'études musical, archéologique et historique – installées dans trois bâtiments, dont une ancienne synagogue et une ancienne yeshiva (école hébraïque). Son rayonnement s'exerce par-delà trois frontières.



## La prouesse de Marian Turski

Le réveil de la diversité polonaise se lit dans toutes sortes d'initiatives. Elles sont souvent nées modestement, comme *gryfnie.com*, ou comme le Festival de la culture juive à

14 Entretien avec Krzysztof Czyżewski en 1994, cité dans : Dorota Sieloń-Galuzek et Łukasz Galusek, *Pogranicze*, KEW, 2012.

Cracovie, devenu aujourd'hui le plus grand événement culturel de l'ancienne capitale des rois de Pologne. Il se concrétise aussi, de façon spectaculaire, à travers le nouveau musée de l'Histoire des Juifs de Pologne, à Varsovie. Ouvert au public en avril 2013, tandis que son exposition permanente a ouvert en 2014, ce bâtiment spectaculaire fait face au monument des Héros du ghetto de Varsovie, érigé en 1948. Il est traversé de part en part par une faille qui rappelle le récit biblique de l'écartement de la mer Rouge devant Moïse et le peuple juif fuyant l'Égypte.

J'ai la chance de connaître depuis mes années varsoviennes la cheville ouvrière de ce musée, Marian Turski, survivant du ghetto de Łódź et de deux marches de la mort, extraordinaire personnage de 87 ans au moment de l'écriture de ce livre, mais à l'allure et à la vivacité juvéniles. Journaliste encore en activité, Turski a longtemps présidé l'Institut historique juif de Varsovie. Inspirés par le créateur du musée de l'Holocauste de Washington, lui et quelques autres Juifs polonais ont décidé au début des années 2000 d'ériger un musée qui rendrait justice aux mille ans d'histoire des Juifs en Pologne.

Ce que m'a raconté Marian Turski sur le financement et l'aboutissement de son projet révèle à la fois les forces prometteuses et contradictoires à l'œuvre en Pologne. « Au début, nous pensions que nous devrions tout financer nous-mêmes, c'est-à-dire par des dons de Juifs. L'État polonais avait bien promis des subsides, mais, et c'est compréhensible, un pays qui se reconstruisait avait d'autres priorités que des musées. Les montants promis étaient chaque fois reportés... »

Jusqu'à ce qu'intervienne un personnage décisif, le maire de Varsovie Lech Kaczyński, futur président de la République. Oui, ce même Kaczyński, principal porte-parole de la droite chrétienne avec son frère jumeau Jarosław, puis icône du camp conservateur nationaliste après sa mort dans l'accident d'avion de Smolensk. « Kaczyński a engagé la ville, dominée par la droite, à faire don du terrain face au monument du ghetto. L'État a dû embrayer sans tergiverser. » Le projet était lancé : à la ville et à l'État polonais le financement du bâtiment, aux privés celui des contenus muséaux.

Mais ce n'en était pas fini des difficultés. « Les donateurs juifs, principalement dans la diaspora américaine, ne voyaient toujours pas pourquoi ils devraient donner de l'argent pour un grand musée juif en Pologne, alors que l'État polonais n'a toujours pas passé une loi de restitution des biens juifs d'avant-guerre[15]. » C'est là qu'est intervenu l'ancien président Aleksander Kwaśniewski. L'ex-chef de l'État a convaincu Jan Kulczyk, l'homme le plus riche de Pologne, d'effectuer un don substantiel[16]. Le chèque d'un Polonais non-Juif a eu un effet déclencheur auprès de la diaspora juive américaine. Et c'est ainsi que, grâce à un maire national-conservateur, à un ex-président postcommuniste, à l'homme le plus fortuné



15 La question de la restitution – il faudrait plutôt parler d'indemnisation – des biens privés juifs acquis par l'État polonais au lendemain de la guerre a fait l'objet, depuis 1989, d'une vingtaine de projets législatifs jamais aboutis. Le Premier ministre Donald Tusk s'est engagé, comme d'autres prédécesseurs, à régler définitivement ce problème.

16 Jan Kulczyk a démarré dans les affaires encore sous le régime communiste, puis avec la concession de Volkswagen pour la Pologne et le premier contrat de fourniture de véhicules à la police et à la Sûreté. Ses investissements l'ont mené aux télécoms, puis à la prospection pétrolière et à l'énergie, et à la construction immobilière.

de Pologne et à de généreux donateurs juifs, resplendit au centre de Varsovie ce musée si chargé de symboles.

## L'apaisement européen

Depuis la chute du communisme, le retour de la Pologne à l'indépendance et à la démocratie a d'abord tenu d'une marche forcée vers la prospérité, vers l'affirmation parfois bruyante d'une identité nationale de combat, vers les adhésions à l'Otan et l'Union européenne, perçues comme des re-légitimations d'occidentalité...

Avec le temps, et avec l'accomplissement de succès économiques et politiques indéniables, à l'image d'une Pologne brouillonne et vindicative se substitue celle d'un pays plus sûr de lui, de la place qu'il occupe sur le continent et du rôle constructif qu'il peut y jouer.

Aux yeux des Polonais eux-mêmes, cette image souffre encore de sérieux revers internes. Le tumulte politique est permanent. Il est animé par des forces qui surfent sur des angoisses populaires. Celles-ci brandissent les étendards d'une identité nationale monochrome à laquelle de sombres forces extérieures tenteraient éternellement de porter atteinte. Cette expression-là de l'identité polonaise est bien réelle. Elle est le reflet inquiet et pessimiste d'un vécu national qui demande encore à être rincé par les flots du temps. Mais aujourd'hui, on ne peut qu'être frappé par l'extraordinaire dynamisme qui se dégage de ce mélange de détermination, de sens de l'entreprise, de richesse intellectuelle et d'ouverture d'esprit.

Jerzy Stempowski, un diplomate d'avant-guerre devenu essayiste après 1945 et décédé en exil en 1969, soit vingt ans avant que la Pologne ne soit le premier pays à faire tomber le communisme, avait un jour fait le constat suivant : « Aucune génération polonaise n'a jamais connu de période où elle a pu se concentrer et fondre les éléments hérités de son patrimoine dans la contemporanéité, afin de donner une image concrète de la cité, qui vaille la peine d'être conservée en mémoire ». Ce moment, pour la première fois de l'histoire du pays, est peut-être arrivé.

ENTRETIEN

**Jan Sowa**

# « Le patriotisme, avant l'État »

C'est dans un salon de thé – « salon de café » en polonais – que Jan Sowa m'a fixé rendez-vous à Varsovie. Pas dans une de ces *kawiarnia* cossues du centre-ville, mais à Praga-Nord, le quartier considéré longtemps comme le plus glauque de la capitale, dont la réputation remonte lentement la pente.

Le « salon » en question fleure bon l'alternative postindustrielle. À l'image de mon interlocuteur : cheveux taillés à ras, look de *hipster* discret, Jan Sowa, trente-sept ans, n'a pas vraiment la dégaine académique, malgré ses petites lunettes d'intellectuel.



Mais l'homme en impose. Professeur d'études des civilisations à l'Université jagellonne de Cracovie, ce sociologue passé par l'Université Paris 8 s'intéresse particulièrement aux transformations démocratiques des sociétés non-occidentales. C'est pour son regard original sur l'histoire de la Pologne que j'ai choisi de le rencontrer. Dans un livre publié en 2011, *Le corps fantôme du roi. La périphérie aux prises avec la modernité*, Jan Sowa dissèque avec brio les racines de l'identité polonaise et son rapport à l'Occident.

Il est aussi l'un des animateurs de *Ha!art*, un collectif d'auteurs et d'artistes marginaux, voire en opposition radicale aux modes culturelles dominantes.

**Pour vous, la spécificité de la nation polonaise s'explique largement par une trame de fond : le retard de développement politique et matériel de la Pologne.**

Il faut voir cela à l'échelle de l'Europe. C'est au seizième siècle que les routes de l'Ouest et de l'Est européens se séparent. La frontière entre l'Est et l'Ouest se situe à hauteur de l'Elbe. Cette ligne un peu élastique est très ancienne : c'est là que s'est arrêté, il y a deux mille ans, l'Empire romain. Plus tard, celui de Charlemagne. À l'ouest de cette frontière, on avait connu le féodalisme européen classique. À l'est dominait le droit princier, dépourvu du système très vertical propre au féodalisme.

Ensuite, l'évolution s'accélère à l'Ouest : les paysans deviennent plus libres, la noblesse abandonnant peu à peu l'exploitation directe de leur labeur. L'économie se monétise. Un prolétariat urbain se développe. À l'Est, c'est le contraire. L'asservissement s'intensifie. Les paysans deviennent de plus en plus prisonniers de la terre. Et cela dure jusqu'à la fin du dix-huitième siècle ! Le modèle économique est quasi colonial : la Pologne d'alors exporte ses produits agricoles, des matières premières peu transformées, et importe des produits industriels ou de luxe.

**Quand même, la Pologne devient à cette époque le grenier à blé de l'Europe occidentale...**

Justement, l'activité économique de la Pologne était centrée sur l'exportation de blé, qui allait principalement vers les Pays-Bas. Cela a permis à l'Ouest de se développer comme il l'a fait. Mais même si ce modèle a servi un temps la prospérité polonaise, il n'était pas soutenable. Il n'était pas porté vers l'innovation.

**Les Polonais voient tout de même dans ce quinzième siècle la grande époque du royaume. À raison ?**

À ce moment effectivement, le royaume de Pologne est un État puissant, tant sur le plan militaire qu'économique. C'est l'ère des Jagellons, ces princes lituaniens qui ont accédé à la royauté polonaise par le mariage, et qui ont régné jusqu'en 1572[1]. La période jagellonne a été celle de la plus grande splendeur de l'État polonais, puissance hégémonique de la région, jusqu'à ce lieu symbolique qu'était Moscou où les Polonais ont brièvement pris le contrôle du Kremlin en 1610-1611. Cet idéal jagellon reste encore très vivace aujourd'hui auprès de la droite polonaise...



**Pas étonnant : les Polonais en conquérants à Moscou, cela ne peut que plaire à la droite nationaliste polonaise !**

Sauf que cette splendeur commence à se fissurer à la fin du quinzième siècle, pour se briser au milieu du dix-septième. La date clé est 1648. C'est l'année de la signature des traités de Westphalie, soit l'entrée en vigueur d'un nouvel ordre en Europe de l'Ouest. En Pologne, c'est l'année de la révolte ukrainienne de Chmielnicki qui ébranle la colonne vertébrale de l'État polono-lituanien. Juste après survient ce que les

1 Jusqu'au décès du roi Zygmunt August, le dernier Jagellon, en 1572, l'ensemble polono-lituanien fut une union personnelle. Sans héritier légal, la noblesse polonaise réussit alors à forcer une union formelle du Royaume de Pologne et du Grand-Duché de Lituanie, communément appelée la « République des Deux Nations ».

Polonais nomment le « Déluge » (l'invasion suédoise)[2]. La République polono-lituanienne ne s'en relèvera plus, même si les Suédois finiront par être repoussés.

**Cette révolte matée, puis cette invasion repoussée nourrissent toujours le patriotisme historique polonais. Pourtant cela a signé le début de la décomposition de l'État. Comment est-ce possible ?**

À cause d'un système monarchique très particulier. En 1572 s'éteint la dynastie jagellonne. Est alors instituée une monarchie élective. Mais c'est une élection très différente de celle qui existait en différents autres endroits d'Europe, où les rois étaient élus par des grands électeurs. En Pologne, on introduit l'élection *viritim* ou « homme par homme ». Tous les nobles y participaient, parfois jusqu'à plusieurs dizaines de milliers d'hommes !



Le problème est que ce roi élu par la noblesse disposait d'un pouvoir extrêmement limité. En matière militaire, la noblesse a par exemple imposé au premier roi élu de la sorte, Henri Walezy, un plafond de 3000 soldats. Plafond maintenu jusqu'à la fin du dix-huitième siècle, à un moment où les puissances voisines comptaient jusqu'à 100 000 hommes en armes. Des limitations similaires frappaient l'administration royale, son pouvoir fiscal et judiciaire, sa politique étrangère. Le roi n'avait aucun pouvoir, il n'était qu'une marionnette. Ma thèse est que la notion d'État a disparu avec les Jagellons.

2 C'est ainsi que fut appelée l'invasion de la Pologne par les Suédois, de 1655 à 1660. L'attaque finit par être repoussée, mais elle dévasta le pays, ce qui lui a conféré un statut mythique, amplifié par le siège, défendu avec succès, du monastère de Jasna Góra.

**Alors que des États modernes émergent à l'Ouest, la Pologne se délite ?**

La Pologne devient un assemblage de *dominia* de quelques magnats. L'historien Antoni Mączak compare ce système à celui de la mafia, où quelques patrons exercent leur domination à l'aide de petits maîtres auxquels ils offrent la protection en échange de divers services dans le cadre de petits États informels. La richesse de ces magnats dépassait de très loin le budget du royaume. Idem sur le plan militaire. Les Wiśnowiecki, en Ukraine, entretenaient une armée de 6000 hommes, soit le double de celle du roi, et disposaient de la capacité de lever à tout moment des armées privées qui portaient ce nombre à 20 000. Ces armées combattaient tantôt au service du roi polonais, tantôt contre lui, aux côtés de souverains étrangers, par exemple les rois de Hongrie.

**Donc, l'État polonais n'existait plus dans les faits ?**

Exact. Le premier démembrement de la Pologne entre les puissances voisines, à la fin du dix-huitième siècle[3], constitue pour moi le point final d'un État qui n'existait plus depuis longtemps. J'ai appelé cela le « corps fantôme du roi », c'est-à-dire un « État fantôme » qui paraissait exister, mais avait en réalité disparu.

3 Le premier partage du Royaume polono-lituanien entre la Russie, la Prusse et l'Autriche-Hongrie se produit en 1772. La partition prendra fin en 1918 lorsqu'est recréé un État polonais indépendant. Pendant les 125 ans de démembrement, la résistance à la domination russe, beaucoup plus arbitraire et brutale que les autrichienne et prussienne, donna lieu à plusieurs insurrections. Les Polonais se réfèrent souvent à leur tradition insurrectionnelle.

**Le dépeçage de la Pologne entre Russie, Prusse et Autriche-Hongrie fait partie de ces événements clefs qui alimentent la « martyrologie » nationale. Celle-ci, paradoxalement, n'a-t-elle pas contribué à renforcer le sentiment polonais ?**

Ce qui est intéressant dans le cas de la Pologne, c'est qu'à l'époque où se forment les États nationaux au sens moderne, c'est-à-dire surtout au dix-neuvième siècle, l'État polonais n'existe pas sur la carte. La Pologne a donc dû s'imaginer en ne disposant pas de cette armature institutionnelle qu'est l'État. D'où le rôle de cette mythologie nationale, à connotation fortement religieuse, qui encense une « Pologne, messie des nations » qui souffre et meurt pour la liberté. La formation de l'esprit national polonais rappelle beaucoup plus les processus qu'ont connus d'anciennes colonies non-européennes, dont l'émergence nationale s'est opérée par des luttes indépendantistes. Si on veut comprendre l'histoire de la Pologne, il ne faut pas la comparer à celle de pays d'Europe de l'Ouest, mais avec l'Amérique latine ou l'Asie où les nations se sont formées dans un contexte de domination coloniale et où la formation de l'idée nationale et de structures d'États se sont faites simultanément.

**Les Polonais aiment communier dans un sentiment de grandeur de leur pays. En même temps, ce sentiment paraît toujours concurrencé par un complexe d'infériorité vis-à-vis des grands voisins russe et allemand...**

À l'échelle de l'Europe, la Pologne est un grand pays, au vu de sa superficie ou de sa population. Mais il y autre chose pour expliquer ce double sentiment : la perte de nos anciennes provinces orientales, nos « colonies », comme on les appelait sans complexe aux quatorzième et quinzième siècles. Les conflits entre la Pologne et la Russie ont dans une grande mesure été des conflits entre deux puissances coloniales, qui rivalisaient pour le contrôle de cette large bande de territoire allant de la Scandinavie à la mer Noire. C'est là l'une des raisons de notre hyper-sensibilité à la Russie, cette puissance qui nous a pris la partie la plus importante de territoire : celle qui définissait notre expansion vers l'est et, à ce titre, notre grandeur.

**D'où le « Lituanie, ô ma patrie », premier vers de *Messire Thaddée*, le grand poème épique d'Adam Mickiewicz, un des chantres du patriotisme polonais au dix-neuvième siècle. La littérature a-t-elle aidé à construire l'imaginaire national, alors que la Pologne n'existait plus comme État ?**



Il faut savoir que le niveau d'alphabétisation et d'éducation atteignait en Pologne des chiffres très supérieurs, en nombres absolus, à ceux de la Russie. C'est de là que vient la position extrêmement forte de la littérature dans la formation de cette identité nationale : les trois grand poètes romantiques, Mickiewicz, Słowacki et Norwid[4] sont plus que des poètes. Ce sont les pères de la Nation. Sans cette culture très forte de l'écrit et de la littérature, le sentiment polonais n'aurait peut-être pas survécu.

4 Adam Mickiewicz, Juliusz Słowacki, Cyprian Kamil Norwid, voir page 82.

**On trouve souvent chez ces auteurs la glorification de valeurs mythologiques. La « démocratie aristocratique » par exemple, qui se confond avec un idéal de vie campagnard, est toujours très vivace, non ?**

La Pologne est un pays fortement agraire. Cela déteint sur sa culture et son mode de vie. « J'ai mon petit *dwór* à la campagne, qui est ma forteresse, personne ne peut m'y contraindre et je regarde avec un peu de mépris la vie urbaine ». L'urbanisation du pays reste d'ailleurs limitée : la Pologne compte 40 millions d'habitants, mais sa plus grande ville en compte à peine 2 millions, et la suivante, Łódź, un million.

**À quoi est-ce dû ? À l'économie ou à la mentalité ?**

Cela a beaucoup à voir avec la culture sarmate, qui décrivait la ville dans les termes les plus négatifs. Pour les nobles polonais, la ville était cet endroit sale où pullulaient les escrocs et les mendiants, où régnait l'esprit calculateur des marchands. Le commerce était au demeurant quelque chose d'indigne et dont l'exercice était un motif de perte de l'état de noblesse. C'était le résultat d'une politique délibérée à l'encontre des villes dont les ressortissants étaient exclus d'une longue série de droits et privilèges, dont celui de la représentation politique. L'Europe occidentale s'est modernisée grâce à l'émergence de la bourgeoisie, qui s'alliait d'ailleurs parfois avec les paysans contre la noblesse. En Pologne, le système ne reposait que sur la noblesse…

**Laquelle noblesse était porteuse d'un sentiment important dans l'imaginaire polonais : la « liberté dorée ».**

C'est très intéressant mais ironique. La liberté ne concernait que 10% de la population, en l'occurrence la noblesse, mais pour elle, cette liberté était totale. Évidemment, elle était fondée sur l'exclusion des paysans et possible uniquement par leur asservissement. Lorsqu'à la fin du dix-huitième siècle la noblesse arrive à la conclusion qu'il faut se réformer, elle va d'ailleurs jusqu'à formuler une idée radicale : anoblir tout le monde ! Les aristocrates libéraux n'étaient mentalement pas capables de concevoir la suppression de la noblesse. Donc ils proposèrent de l'étendre à tous.

**Cette liberté à la polonaise a toujours été très centrée sur l'individu ?**

Oui. Le noble était un sujet souverain. Personne ne pouvait le commander, le contraindre ou limiter sa liberté. Ni le frapper  d'impôts. La Pologne du seizième au dix-huitième était un paradis fiscal ! La noblesse n'était imposée par la royauté qu'à un taux de 5%. Le Danemark, qui était un État plus petit, avait un budget supérieur car il levait plus d'impôts. La liberté polonaise était une forme d'anarchie. C'était « moi contre tous ».

**Il y a une autre notion sacrée à laquelle les Polonais se réfèrent encore souvent de nos jours, et sans laquelle on ne pourrait comprendre leur mode de fonctionnement collectif : le *liberum veto*...**

Le *liberum veto*[5] et plus encore le *liberum rumpo*[6]. Un noble isolé pouvait bloquer une décision et même rompre l'assemblée

5 « J'interdis librement ».
6 « Je brise librement ».

de la Diète pour empêcher qu'elle poursuive ses travaux sans lui. Ce mécanisme, amplement utilisé par les magnats des provinces orientales, a été exploité par les puissances voisines qui, en achetant la voix d'un noble, pouvaient bloquer toute une session de la Diète. Ce système était censé traduire l'affirmation d'une unité profonde. Mais dans les faits il n'a servi qu'à la destruction et à l'affaiblissement.

**Ce mythe de l'unité, ne le voit-on pas à l'œuvre aujourd'hui aussi ?**

C'est exact. Les Polonais peinent à résoudre leurs conflits d'une façon productive. En Pologne, il y a toujours cette fiction de l'entente et de l'unité qui cache des disputes permanentes où chaque partie tente de porter des coups à l'autre. L'unité, ici, n'est jamais atteinte par voie de compromis. Pis, le compromis est considéré comme un échec. Notre vocabulaire le trahit. En anglais ou en français, on dit « atteindre un compromis ». En polonais, on dit « aller au compromis »[7], au sens de « s'y abaisser, après avoir jeté ses idéaux par-dessus bord ».

**La Pologne est perçue comme un pays très conservateur. Comment l'expliquez-vous ?**

En Pologne, la modernité vient toujours de l'extérieur. Elle n'est pas un produit endogène. Cela ne signifie pas qu'il n'y a pas de débat, de créativité. Mais l'impulsion vient toujours de l'extérieur.

7 *Pójść na kompromis.*

Des exemples ? L'amélioration de la productivité agricole, tout comme l'abolition du servage, ont été opérées sous la domination étrangère[8]. L'impôt, ce facteur de développement des États modernes, a été prélevé avec sérieux sur la noblesse polonaise après le partage du pays entre les puissances voisines.

**Le conservatisme polonais ne résulte-t-il pas, aussi, de l'influence de l'Église catholique ?**

Je n'ai pas beaucoup étudié cette question-là… Mais on peut dire que c'est un phénomène qui date surtout des deux derniers siècles. La noblesse était très anticléricale, notamment parce qu'elle ne voulait pas payer pour l'Église. La tolérance religieuse était très grande. D'un autre côté, il y a un mode de pensée religieux très profondément ancré dans la tradition polonaise et qui se caractérise par les allégories, par ce messianisme romantique typique du sarmatisme qui décrivait le destin polonais en des termes bibliques.



**Mais l'Église catholique a joué un rôle considérable aux temps du partage de la Pologne et du communisme, elle fut un rempart…**

Juste. C'est là-dessus que s'est construite la position actuelle de l'Église, plus que sur l'ancienne culture sarmatiste. L'Église a été, sous les dominations étrangères et le communisme, cet espace où l'on pouvait sans crainte parler polonais, en fait parler librement. Et le pouvoir communiste ne l'a jamais remis en cause. Mais avec le temps, avec le changement de

8 Prusse et austro-hongroise.

génération, cela va changer. Il reste toujours en Pologne une base de fidèles très assertive dans son affirmation religieuse, y compris parmi les jeunes. Je pense toutefois que cette base va se rétrécir. Elle sera peut-être plus radicale, mais elle va rétrécir.

**L'un des traits typiques du conservatisme nationaliste polonais c'est son recours permanent à l'histoire. Le passé, toujours le passé…**

Il y a une sorte d'idéal jagellon, toujours présent, surtout à droite. L'idée est donc que si nous voulons revenir à l'époque de gloire, celle des Jagellons, il ne faut pas s'intégrer à l'Europe. On n'en sera qu'une part minime et périphérique, et ce seront toujours les Allemands et les Français qui y distribueront les cartes. Recréons plutôt cette ancienne zone d'influence centre-orientale dont la Pologne serait la puissance hégémonique. Cela repose sur cette nostalgie de l'époque de gloire de la Pologne du quinzième siècle. Qui fut d'ailleurs la dernière puisque, depuis, cela ne fut plus qu'une longue chute.

**Mais en 2004, c'est tout de même le « retour en Europe » lors de l'adhésion à l'Union européenne !**

Les déclarations sur le « retour » furent révélatrices, car elles trahissaient un certain doute. Faisions-nous vraiment partie de l'Europe ? Il n'y avait pas de doute quant à l'appartenance, mais il y avait bien un sentiment d'infériorité. On appartenait à la tradition européenne, mais on y appartenait comme périphérie. Tous les discours, plutôt de droite, sur la différenciation polonaise, sont en fait des tentatives de nous affranchir de cette infériorité. « Il vaut mieux être différent mais authentique, que semblable mais inférieur ».

**Près de dix ans après l'adhésion à l'Union européenne, la Pologne s'est-elle affranchie de ces complexes ?**

En Pologne, l'histoire transparaît encore beaucoup au travers des événements actuels. Mais pour nous, l'Union européenne est incroyablement intéressante. C'est la première fois qu'une entité réunit les deux parties séparées par cette vieille frontière de civilisations dont je parlais au début de notre entretien. Or notre expérience de Polonais nous a appris que la séparation entre ces deux anciens blocs n'a jamais été favorable à l'Est, éternel perdant de l'affaire. L'effacement de cette frontière est notre chance. D'où mes doutes sur cet éloge de notre « différence ». Nous avons au contraire intérêt à combler cette séparation entre l'Est et l'Ouest.

ENTRETIEN

## Janusz Czapiński

# « Conservateurs oui, révolutionnaires non »

Janusz Czapiński est l'un des sociologues polonais les plus consultés par les médias et sans doute l'un des plus connus du grand public. Très critique envers la société polonaise dont il parle parfois comme d'une personne, il ne craint pas d'interpeller en public les dirigeants politiques lorsqu'ils se méprennent, selon lui, sur les attentes de leurs concitoyens.

Né en 1951, professeur à l'Université de Varsovie, Janusz Czapiński est docteur en psychologie sociale, membre de l'Académie nationale des sciences et responsable scientifique du « Diagnostic social »[1] jusqu'en 2015, une ambitieuse enquête à grande échelle menée tous les deux ans sur les conditions de vie des Polonais et leur sentiment de bien-être. Celle de 2011 dressait un portrait résolument optimiste. Étonnant dès lors que notre interlocuteur se montre si pessimiste lorsqu'il m'a accueilli, en toute simplicité, dans sa salle à manger chez lui à Varsovie.



Le « Diagnostic social » est un excellent reflet de l'image paradoxale que les Polonais donnent d'eux-mêmes. Qu'on

1 Depuis notre rencontre, le professeur Czapiński a présenté les premières tendances de l'enquête 2013, disponibles sur le site www.diagnoza.com. La particularité du « Diagnostic social » est d'enquêter auprès d'un large panel permanent, de façon à suivre l'évolution des opinions. 26 000 personnes (12 355 foyers) pour 2013, dont 18 000 (9 140 foyers) avaient participé à celle de 2011.

l'observe et on verra le Polonais dynamique, travailleur mais bon vivant, toujours optimiste pour lui-même et les siens. Qu'on le fasse parler de son pays, et le voilà critique voire carrément négatif.

La livraison 2011 de l'enquête dirigée par le professeur Czapiński avait spectaculairement illustré cette dichotomie. À l'appui de ses résultats chiffrés, le grand hebdomadaire *Polityka* avait titré : *Incroyable : les Polonais sont heureux!*[2]. À preuve, entre 1992 et 2011, la proportion de Polonais satisfaits de leur vie est passée de 55% à près de 81%[3], alors qu'ils n'étaient que 25% à estimer que la situation du pays, elle, s'est améliorée. Explications.

**Votre Diagnostic social de 2011 indiquait un sentiment de bien-être élevé chez les Polonais. Tout va bien pour eux?**



Le sentiment de bien-être est toujours élevé. Mais l'appréciation de la situation générale du pays reste mauvaise. C'est comme si le Polonais avait acquis une aptitude mystérieuse à se construire un système immunologique qui le protège de ce que font les dirigeants politiques, ou de ce qui se passe dans le monde.

**Si le Polonais va bien, votre enquête indique en revanche que la société polonaise ne va pas très bien. Pourquoi?**

C'est à mon sens l'obstacle majeur au développement en Pologne d'une économie de l'innovation : l'incapacité à travailler

2 Numéro du 13 juillet 2011.
3 80% en 2013.

ensemble. La Pologne est un pays sans société, en quelque sorte. Un sociologue avait établi dans les années 1960 qu'il y a deux composantes en Pologne : la famille et la nation. Entre les deux ? Rien. Seulement voilà, la nation, pour le Polonais, ce ne sont pas les voisins, les concitoyens, la communauté. C'est plutôt le musée des symboles, des héros tragiquement disparus, « une collection de souvenirs de la martyrologie polonaise ». Le Polonais qui défile dans des manifestations patriotiques communie avec les autres manifestants. Mais dès qu'il rentre chez lui, la méfiance reprend le dessus.

**J'ai souvent l'impression de voir coexister deux Pologne. L'une ouverte, progressiste, cosmopolite et optimiste, l'autre conservatrice, accrochée à de vieilles convictions, méfiante et craintive. Avez-vous pu vérifier cela dans les faits ? Ou y a-t-il quand même un esprit polonais, commun à tous ?**



La nation polonaise est très homogène. Nous avons une langue, une religion majoritaire... sans toutefois que cela crée un sentiment de communauté. Nous fréquentons les mêmes églises et lieux d'armistices, mais nous reprenons nos hostilités après la messe ! L'une des lignes de division porte sur la dimension symbolique de la nation. On l'a vu après la catastrophe aérienne de Smolensk qui a coûté la vie au président Lech Kaczyński. Pour beaucoup de citoyens, la nation polonaise a, ce jour-là, été attaquée. Cette partie de la population – environ 30% – croit à la thèse de l'attentat, alors que le reste du pays la rejette. Rien ne peut, à mon sens, réconcilier aujourd'hui ces deux groupes.

**Pouvez-vous nous décrire ces deux Pologne qui se font face ?**

Le groupe qui croit à la thèse de l'attentat de Smolensk est la partie conservatrice de la société. Pas conservatrice sur le plan économique, mais conservatrice sur le plan culturel et sur les questions de société. Ceux-là disent : « Nous devons cultiver les valeurs de nos ancêtres. Ces valeurs sont plus importantes que les petites nouveautés ». Une posture fortement appuyée par le clergé catholique polonais.

Cette partie de la société est profondément convaincue que la nation a toujours été d'une propreté cristalline, confiante, loyale, respectueuse de Dieu. Elle attribue les souffrances passées aux autres, en général les Russes et les Allemands, qualifiés de « mauvais ». Comme nous avons une idée assez faible de nous-mêmes comme nation, nous nous rassurons en affirmant que la Pologne a été trop honnête et abusée par ses voisins.

**Quid de l'autre Pologne, plus moderne et ouverte ?**

Cette Pologne-là s'identifie peu avec la nation. Il lui reste l'identification à la famille. Mais elle ne partage pas les grands élans patriotiques, la défense du monastère de Jasna Góra et de sa Vierge Noire, la défense de l'honneur de la Pologne face à l'écrivain Jan Gross[4]...

4 Jan Gross, un sociologue polonais d'origine juive émigré aux États-Unis, a documenté dans un livre retentissant, publié en 2000, le pogrom commis par les habitants « polonais » du village de Jedwabne sur sa population juive, en 1941 (*Les Voisins*, Éditions Fayard).

**Ces deux pays paraissent sociologiquement très distincts. La Pologne des personnes âgées contre les jeunes ?**

Les traditionalistes sont plus âgés, moins éduqués, sensiblement plus pauvres. Ils ont remporté moins de succès individuels et habitent en général le lieu où habitaient déjà leurs grands-parents, donc plutôt des petites villes et campagnes. Mais ceci est une description générale. Des similitudes, en termes de bien-être matériel, existent entre les deux groupes. Même en termes d'âge, la césure n'est pas nette. La différence principale reste idéologique. Il y a un syndrome du Polonais conservateur, convaincu par les théories du complot selon lesquelles on cherche à porter atteinte à la dignité de sa nation.

**Le sort des Polonais est-il si misérable ?** 

Bien sûr que non. Toutes les classes sociales ont considérablement progressé. La Pologne a connu vingt années de marche ininterrompue vers le succès. Ceux qui sont moins aisés peuvent évidemment regretter de ne pas en avoir plus bénéficié. Mais leur reproche est d'un autre ordre. Selon eux, on n'aurait pas réussi à construire un État souverain, une communauté unie mythique.

**Votre « Diagnostic social » qualifie la société polonaise de conservatrice, tout en notant ses aspirations très égalitaires. N'est-ce pas contradictoire ?**

Les Polonais sont égalitaires quand ils pensent à leurs revenus. Ils voudraient que tout le monde ait le même revenu. Mais le revenu le plus haut, évidemment, pas le revenu moyen.

Quant au conservatisme, il est réel. Lorsque Janusz Palikot[5] a voulu faire ôter le crucifix accroché dans l'hémicycle de la Diète (le Parlement polonais), je lui ai dit qu'il n'obtiendrait pas de soutien populaire. Et c'est ce qui s'est passé. Même s'il n'y a que 40% des Polonais qui se disent aujourd'hui vraiment liés à l'Église, la grande majorité de notre population demeure attachée à des symboles devenus plus culturels que religieux. La plupart des Polonais n'ont par exemple aucun problème avec le fait que des prêtres participent à des cérémonies officielles. Ou à des inaugurations de bâtiments publics.

**Ce qui serait inimaginable dans d'autres pays européens !**

En Pologne, c'est une sorte de coloration culturelle. Le conservatisme polonais a une dimension particulière.

Ce n'est pas un conservatisme qui pourrait mener à un soulèvement populaire. Les Polonais ne sont pas très doués pour coopérer afin d'inventer une nouvelle voiture, mais ils ne sont pas non plus portés vers des pulsions révolutionnaires, fussent-elles conservatrices. À une exception près : le premier syndicat *Solidarność*, en 1980-81. Mais à la renaissance de *Solidarność* en 1989 – laquelle mena à la chute du communisme –, le mouvement fut loin d'atteindre la même ampleur[6].

**Ce conservatisme a tout de même l'air de se fissurer. Regardez les débats qui ont fait rage, au Parlement comme**

5 Leader du parti anti-clérical auquel il a donné son nom, qui a réalisé le troisième score aux dernières législatives de 2011. Il s'est depuis effondré dans les sondages.

6 *Solidarność* a compté en 1980–81 près de 10 millions de membres (sur une population de 38 millions).

**dans les médias, sur les projets de Pacs. L'un de ces projets était même présenté par le parti du Premier ministre Donald Tusk, un libéral-conservateur. Qui l'eût cru?**

À mon avis, les mentalités évoluent moins que l'image médiatique ne le laisse supposer. Sur le plan de l'attitude et de l'opinion des Polonais, il n'y a pas grand-chose qui change. Bien sûr, le nombre de Polonais qui pensent d'une façon plus moderne augmente. On le voit d'ailleurs à la chute du nombre de mariages et à la baisse du taux de fécondité, qui est aujourd'hui un des plus bas en Europe alors qu'il était le plus haut il y a vingt-cinq ans. Mais les Polonais « modernes » émigrent. Les plus conservateurs restent.

**La baisse de la pratique religieuse n'est-elle pas un autre indicateur de changement?**



Je l'attribue au fait que le modèle institutionnel de l'Église commence à déranger. Mais parallèlement à la baisse de fréquentation des églises, on constate une hausse de la prière individuelle. On noue directement le contact avec Dieu!

**Est-ce une réaction de cette importante partie de la société qui, profondément croyante, est dégoûtée par la posture de l'Église catholique polonaise?**

Bien sûr. L'influence de l'Église va baisser en Pologne indépendamment des affaires qui la touchent régulièrement[7].

7 Comme dans d'autres pays, l'Église polonaise n'a pas été épargnée par des accusations de pédophilie. Mais elle est surtout mise en cause pour son agitation politique et sa grande indulgence envers les dérives antisémites et xénophobes de sa frange radicale.

Cette perte d'influence était déjà notable du vivant de Jean-Paul II, le pape adoré des Polonais, et elle se poursuit sans discontinuer depuis le début des transformations postcommunistes. Le catholicisme continue en revanche de forger une bonne part de l'identité nationale des Polonais. De nombreuses coutumes portées ou défendues par l'Église et des symboles autrefois intimement liés à la foi catholique sont devenus des pratiques culturelles. Ils sont sortis de la sphère purement religieuse.

**À quoi pensez-vous en particulier ?**

La présence de croix dans les lieux publics ne dérange absolument personne. La Vierge Noire, le monastère de Jasna Góra, même s'ils ne mettent pas tout le monde à genoux, finissent par être considérés comme des éléments du puzzle qui forme l'identité polonaise. Toute une série d'éléments de l'enseignement de l'Église ont en outre fini par pénétrer profondément la société polonaise, comme l'hostilité aux unions homosexuelles ou encore le rejet de l'avortement. Alors que l'influence de l'Église régresse, le conservatisme s'est paradoxalement renforcé. L'Église n'en est plus le moteur.

**Vous aimez rapprocher l'époque actuelle du sarmatisme polonais. Pourquoi ?**

Parce qu'aujourd'hui, comme aux quinzième et seizième siècles, la Pologne vit une époque de prospérité basée sur le coût très bon marché de son labeur. Son succès économique s'est appuyé, depuis 1989, sur une triple abondance : le travail à faible coût, un progrès dans la qualité de l'éducation et un marché intérieur de bonne taille. Un marché composé de consommateurs qui, après le communisme, étaient avides de rattraper leur retard en biens d'équipements. La Pologne est devenue une gigantesque usine d'assemblage de biens. Elle ne s'est pas encore convertie à une économie de l'innovation.

**Pourquoi cela ? La propension à l'innovation ne découle-t-elle pas du niveau d'éducation que vous jugez bon ?**

L'obstacle principal en Pologne est le manque de capital social dont je parlais plus tôt. Vous seriez bien en peine de constituer ici une équipe capable d'élaborer un projet de nouvelle voiture. Une équipe polonaise ne réussira jamais à travailler efficacement ensemble. On m'a rapporté l'exemple véridique suivant. Une grande multinationale financière, bien implantée en Pologne, organise chaque année des ateliers avec des employés de diverses nationalités. L'un de ces ateliers, auquel participaient des Polonais et des Suédois, avait pour mission d'inventer un nouveau produit. Ils devaient ensuite élaborer un plan de commercialisation en vue de son lancement rapide. Eh bien voilà ce qui s'est passé. Durant la phase remue-méninges, toutes les idées sont venues des Polonais. Les Suédois restaient silencieux. Changement drastique à la seconde étape, celle de la mise en œuvre d'un plan concret. Les Polonais se sont disputés. Les Suédois ont pris les choses en mains.

**Vous dressez quand même un portrait un peu sombre des Polonais ! Rien à dire de positif ?**

Mais si, bien sûr ! C'est une société extraordinairement forte, très résistante aux revers de la vie. Les Polonais sont incroyablement solides sur le plan psychique. Un Polonais peut faire faillite dix fois et recréer une entreprise une onzième fois.

**Son individualisme le protège ?**

Oui, c'est un individualisme un peu pathologique. 40% des Polonais sont indifférents au fait que les autres paient ou non leurs impôts ou leur ticket de transport en public. Et en cas de contrôle des tickets, une majorité se rangera du côté de celui qui n'a pas payé son titre de transport, car le contrôleur incarnera à leurs yeux le pouvoir, cet héritier des Czartoryski et des Radziwiłł, les grandes familles aristocratiques à la solde des puissances dominantes !

**L'adversité rend plus fort ?**

C'est tout particulièrement vrai en Pologne. Les Polonais sont également très résistants aux peurs médiatiques. Cela s'explique peut-être par leur méfiance à l'égard des institutions. Les diverses épidémies mondiales très médiatisées, comme les grippes porcine ou aviaire, ont très peu affecté leurs comportements. Ou encore la crise économique qui est le sujet dominant en Europe. Mais cela ne suscite aucune panique chez les Polonais.

ENTRETIEN
**Ludwik Dorn**

# « Un processus d'appropriation de la démocratie libérale »

Ludwik Dorn est l'un des hommes politiques atypiques du paysage polonais. Issu de la branche radicale de droite de l'ancienne opposition anticommuniste, il s'est lié, dès 1990, avec les frères jumeaux Kaczyński, fondateurs et patrons du parti Droit et Justice (PiS). Il en est d'ailleurs devenu si proche, qu'on a fini par l'appeler le « troisième jumeau ». Si cette proximité a traversé les hauts et les bas de la longue conquête du pouvoir des deux frères, elle n'a pas survécu longtemps à leur premier gouvernement. En 2007, lorsque Lech est président et Jarosław Premier ministre, Ludwik Dorn est écarté de son poste de ministre de l'Intérieur. L'année suivante, il est exclu du parti. Son péché est d'avoir demandé plus de démocratie interne. Depuis, de « troisième jumeau », Ludwik Dorn est devenu « renégat », l'un des critiques les plus acerbes de Jarosław Kaczyński, qu'il a décrit un jour comme « un vizir parmi les eunuques ».

L'ex-ministre de l'Intérieur ne met pas son talent langagier qu'au service de la politique : il est traducteur de livres d'espionnage, de poètes anglais et auteur occasionnel de littérature enfantine. Né d'un père juif, communiste dès avant la Seconde Guerre, et d'une mère médecin, Ludwik Dorn a été éduqué dans un environnement agnostique. Diplômé de sociologie, il s'est engagé dès son adolescence dans l'opposition démocratique. Devenu, après la chute du communisme, l'un des organisateurs de la droite catholique sans en être un lui-même, Ludwik Dorn a rejoint cette religion sur le tard, se faisant baptiser à l'âge de 46 ans.

**En 1989, lors de la sortie du communisme, comment imaginiez-vous la Pologne démocratique 20 ans plus tard ? Est-elle très différente aujourd'hui de ce que vous imaginiez à l'époque ?**

Ce à quoi la Pologne devait ressembler dans 20 ans n'était pas une question pour les autres participants de la vie publique de 1989. Les systèmes ne se construisent pas selon un modèle. Ils sont le résultat de séquences de défis successifs.



**Mais les acteurs de la transformation post-1989 se sont inspirés de modèles démocratiques d'alors.**

Je ne pense pas qu'on faisait référence à différents modèles. Il me semble plutôt qu'on percevait de manière différenciée les défis, et qu'on y répondait de manière tout aussi différenciée, en puisant dans des ressources et des sensibilités différentes. Nous avons eu affaire à quelque chose qui plus tard a été décrit comme la « modernisation imitative », et que les critiques de ce processus ont appelé la « modernisation par la photocopie ». Le fait est que les partisans de la modernisation imitative ont prétendu qu'il existe un modèle de démocratie libérale et un modèle de capitalisme, et qu'il y a une mission politique consistant à mettre en œuvre ce modèle dans la réalité polonaise d'après 1989. Cela a fait l'objet de critiques fondées sur le constat que la modernisation ne peut consister en une imitation pure et simple d'un modèle dessiné, où nous adaptons la réalité sociale et économique à ce modèle, et où nous coupons et rabotons ce qui ne s'y adapte pas.

**Cette critique paraît raisonnable.**

Il s'agissait à l'époque, et il s'agit toujours, d'un différend important. Mais certaines prémisses de la critique envers la modernisation imitative étaient justes. La démocratie libérale ou le capitalisme ne sont pas une réalité, mais plutôt une construction politique ou intellectuelle. Il existe différents types de capitalisme comme il existe différents types de démocratie libérale. Les démocraties libérales anglo-saxonne, romane ou nordique sont très différentes les unes des autres. En Pologne, et dans les autres pays postcommunistes, il fallait créer quelque chose de nouveau. Mais il y avait eu une très longue rupture historique : il était impossible de se référer à des pratiques existantes de démocratie ou de capitalisme enracinées dans l'histoire. Dans ce sens, on peut critiquer la modernisation imitative. Comme nous opérions en Pologne dans un certain vide cognitif, mais aussi dans un vide historique et social, nous ne pouvions pas faire référence à quelque chose qui n'avait pas existé chez nous. En revanche, cette recherche était soutenue par un énorme désir social : qu'il en soit chez nous comme en Occident. Mais le fait que les réalités étaient très variées dans cet Occident ne perturbait personne. Je regarde donc ce qui s'est passé ensuite, tout comme je regarde ce qui se passe depuis 2015, comme une longue et sinueuse route qui mène à la version polonaise de la démocratie libérale. Avec des tournants dans un sens puis dans l'autre, des mouvements en avant et en arrière, avec l'incertitude quant à savoir si nous y arriverons ou non. Mais au nom de quoi la Pologne devrait-elle parcourir en 30 ans un chemin que la vieille Europe, l'Europe occidentale, a mis plus de 300 ans à traverser ?

**La période qui s'est ouverte avec l'arrivée au pouvoir du PiS en 2015 passera-t-elle pour une étape de ce cheminement, ou un changement de direction, comme cela a été largement perçu hors de Pologne ?**

Les deux perceptions sont légitimes. En ce qui concerne l'action réelle du pouvoir actuel, on peut dire que certaines conditions minimales de la démocratie libérale sont



affaiblies ou supprimées, en particulier celles qui portent sur l'indépendance de la justice. En même temps, je ne pense pas que cela soit lié à une conception très articulée d'un régime politique alternatif, d'une sorte d'autocratie. Toutes ces comparaisons de Jarosław Kaczyński avec Poutine, Loukachenko et Erdogan sont par conséquent dénuées de sens.

**Et la comparaison avec Orban ?**

Avec Orban, oui. Mais il y a une grande différence : en Hongrie, Orban dispose d'une majorité pour modifier la constitution, ce qui n'est pas le cas du PiS.

**À quoi pensez-vous en disant que le camp actuel n'a pas de conception politique très articulée ? Le PiS n'a pas de vision de ce que devrait être l'État ?**

Je ne sais pas s'ils ont une vision de ce que devrait être l'État. Mais en termes réels, ils disposent de ressources suffisantes pour abolir sur papier, et dans la vie réelle affaiblir les institutions constitutionnelles qui limitent le pouvoir politique. Car qu'est-ce que la démocratie libérale ? C'est une construction très compliquée, basée sur le principe d'un gouvernement aux pouvoirs constitutionnellement limités. Mais le pouvoir incarné par le PiS n'a pas les ressources nécessaires pour créer des mécanismes politiques cohérents qui remplaceraient le système de démocratie libérale. Il me semble donc que Jadwiga Staniszkis (sociologue et politologue réputée en Pologne, NDLA) a vu juste avec sa description d'une « anarchie autocratique ». Si l'on n'a pas les outils pour créer un système politique différent de la démocratie libérale, et si l'on affaiblit le système existant, on crée l'anarchie, même si je ne pense pas que cela fût consciemment prémédité par le PiS.



**Comment décrire donc la phase tumultueuse que traverse la Pologne sous le PiS ?**

Après la longue phase de modernisation imitative que nous avons connue, on a affaire à autre chose. Depuis l'adhésion en 2004 de la Pologne à l'Union, le consensus politique global a disparu. À part une minorité réduite qui ne le partageait pas, ce consensus consistait à dire que « nous ne voulons pas être à l'Est, nous voulons être à l'Ouest ». Et être en Occident, c'est avant tout être dans l'Union européenne. Par conséquent, nous pouvions endurer beaucoup de choses pour y parvenir. C'était un choix historique et civilisationnel. Mais après 2004, nous avons eu des sentiments à la fois de satiété et de vide : nous y sommes, dans cette Europe, et maintenant quoi ? Allons-nous nous écrier : « Ce moment est magnifique, ô temps, suspends ton envol » ? Non, il y avait des défis, de nouvelles tâches à affronter. Or à ce moment-là, le consensus a disparu, et les conflits politiques ont commencé à s'intensifier. Jusqu'en 2004, la pensée de la modernisation imitative avait dominé. J'en étais personnellement un critique, mais je le suis un peu moins aujourd'hui, car je conçois qu'il n'y avait pas d'autre voie à l'époque. Maintenant, nous avons donc affaire à une polonisation de la modernisation, tant dans la sphère politique qu'économique.

**En quoi consiste-t-elle ?**

Nous avons depuis 2015 un conflit politique sur la démocratie libérale. Mais il n'y a pas de contre-projet politique à ce système, à part des slogans. La démocratie libérale en tant que structure très complexe s'est formée au fil de conflits à partir du dix-septième siècle jusqu'aux années 1950 : en passant par les guerres de religion, par l'imposition de limites constitutionnelles à la volonté du monarque, par le processus de démocratisation sous forme du vote censitaire au dix-neuvième siècle, puis la formation de nationalismes.

Un système propre et durable ne naît que par les conflits et par leur résolution, et non par imitation. Or la Pologne a été exclue depuis le milieu du dix-septième siècle de ces conflits d'où sont nés ces systèmes que sont le libéralisme, puis la démocratie. La Pologne a bien eu en 1791 sa Constitution du 3 mai, qui reposait sur une sorte d'accord politique et de compromis. Mais son objectif était avant tout l'indépendance :

son texte a posé comme principe qu'une réforme de l'État est nécessaire pour que l'on puisse exister en tant qu'État indépendant. Une clause de révision tous les 25 ans y avait d'ailleurs été prévue. Cela aurait généré des conflits, et c'aurait été un processus très turbulent. Mais comme la Pologne a perdu son indépendance un an plus tard, ces conflits politiques ou changements de régimes qui ont eu lieu dans les États-nations tout au long du dix-neuvième siècle, ne se sont pas produits en Pologne. En d'autres termes, l'histoire nous a volé cette époque où nous aurions pu créer des institutions par la voie des différends, conflits et accords qui en auraient résulté.

**En 1918 toutefois, la Pologne a recouvré son indépendance.**

Oui, mais l'entre-deux-guerres n'a pas été une période propice à la démocratie libérale en Europe, qui ne s'est maintenue que dans un nombre limité de pays, notamment le Royaume-Uni et les trois pays du futur Benelux. Son rétablissement n'est intervenu qu'après la Seconde Guerre mondiale. Mais là encore, la Pologne a aussi été exclue du processus puisqu'elle s'est retrouvée sous domination soviétique ! Or les années 1940 et 1950 ont été une période où, après un puissant bouleversement, tous les conflits sur le libéralisme et la démocratie, qui avaient duré 300 ans, ont pris fin. Un certain consensus s'est créé en Europe, mais il n'incluait pas la Pologne. Il était basé sur l'exclusion des communistes du pouvoir, sur une marginalisation de l'extrême droite, parfois par la répression légale, sur un accord global selon lequel la formule sociale de la démocratie libérale est l'État-providence, enfin sur la limitation du pouvoir politique par la création de cours constitutionnelles.

**Une Cour constitutionnelle dont la réforme récente par le PiS est considérée, notamment par l'Union européenne, comme une inféodation au pouvoir politique.**

Notez qu'il n'y avait pas de tribunaux de ce type dans les pays dont la continuité constitutionnelle n'avait pas été rompue par l'entre-deux-guerres et par la Seconde Guerre mondiale. À mon avis, la Pologne connaît actuellement un conflit accéléré au sujet de la démocratie libérale, pour la faire nôtre, c'est-à-dire quelque chose qui nous est propre et n'est pas un modèle emprunté. Ce qui se passe aujourd'hui vaut donc la peine d'être considéré dans une perspective historique à plus long terme. Je suis moi-même du côté de la démocratie libérale, et contre le parti Droit et Justice. Mais je vois une certaine nécessité historique dans ces conflits. Nous devons passer par là, avec nos propres erreurs, pour nous approprier ce système.

**Si plus de temps était nécessaire, cela signifie-t-il que l'adhésion de la Pologne à l'Union européenne est intervenue trop tôt ?**

Au contraire ! L'adhésion à l'Union a imposé certaines limites sans lesquelles les conflits auraient peut-être pris des formes beaucoup plus dramatiques, y compris de la violence interne à laquelle l'Europe occidentale n'a du reste pas échappé. On ne peut pas dire que le sang n'a pas été versé en Europe au cours du processus long de trois siècles qui l'a menée vers la démocratie libérale.

**Depuis 1989, aucun leader politique n'a acquis une position aussi dominante que Jarosław Kaczyński, le patron du PiS. Ce qui amène à la question classique : est-ce le contexte historique et politique qui a engendré cette figure, ou est-ce Kaczyński qui a façonné la situation de manière à lui permettre de devenir la figure centrale de la vie publique polonaise ?**

Les deux. Machiavel l'a très bien décrit, en montrant comment les politiciens exceptionnels jouent des retournements de fortune en les exploitant à leur bénéfice. L'une des caractéristiques des dirigeants politiques supérieurs à la moyenne est qu'ils réussissent à conduire leurs partisans là où ceux-ci ne savaient même pas qu'ils voulaient aller ! C'est ce que Jarosław Kaczyński a réussi à faire.



**Mais quels sont les facteurs de son incroyable attractivité personnelle ?**

Il y en a deux. Premièrement, c'est le fait que le parti Droit et Justice est statutairement autocratique, contrairement à tous les autres partis. Le président Kaczyński peut suspendre pour une durée indéterminée tout membre du parti, par décision personnelle. Et depuis 2007, il en a usé abondamment. J'en suis moi-même un exemple. Cela, c'est le bâton. Puis il y a la carotte. Dans un parti autocratique qui gagne en puissance, le trésor que son leader peut partager grandit également. Ce chef a donc le pouvoir du glaive et du pain. Mais Kaczyński n'est pas un autocrate capricieux, c'est un autocrate rationnel. Et il est politiquement si intelligent qu'il sait aussi ne pas être en mesure de contrôler et de distribuer personnellement ce pain. Monsieur Kaczyński soutient donc différentes coteries dans sa cour, lesquelles rivalisent entre elles pour les bénéfices. Et il conserve le contrôle de cette diversité en tant qu'instance d'appel : il veille à ce que ces clans puissent montrer des résultats à leurs membres ou à leurs clients, mais aussi à ce qu'ils restent politiquement impuissants. Car partout où sa position est en jeu, il est impitoyable.

**Il faut donc conclure que ce parti ne pourrait survivre sans son président Kaczyński ?**

En effet, parce qu'il s'agit d'un parti extrêmement personnalisé.

**En tant que nation, en tant que pays, la Pologne a-t-elle un problème avec l'altérité, qu'elle soit religieuse ou ethnique ?**

Cette question aussi doit être examinée sous la loupe historique. La Deuxième République[1] a sans doute eu ce problème. Surtout avec la minorité juive et avec la minorité ukrainienne. Ce fut une quadrature du cercle qui n'a pu être résolue d'aucune façon. Elle l'a été en quelque sorte de l'extérieur, par les révolutions nazie et stalinienne qui ont complètement changé la structure ethnique de la Pologne. La minorité juive a tout simplement cessé d'exister parce qu'elle a été assassinée, et la minorité ukrainienne a cessé d'exister parce que la frontière a changé et qu'il y a eu un grand déplacement de population. À la suite des menées d'Hitler et de Staline, s'est

1 Deuxième République : désigne l'État et le régime de la République polonaise de l'entre-deux-guerres, de 1918 à 1939.

constitué un pays homogène, tant d'un point de vue national que d'un point de vue religieux.

**Il y avait aussi, et il y a toujours, une minorité allemande.**

Oui, mais l'ampleur du problème est bien différente de celle des minorités d'avant la Seconde Guerre mondiale : c'est une minorité marginale.

**Mais le facteur d'un problème lié à une minorité n'est pas sa taille, mais la place que lui reconnaît la majorité.**

L'expérience polonaise de ce problème dans l'entre-deux-guerres a montré que ne pas assurer une place aux minorités dans la société cause un problème, mais que leur assurer une place provoque également un problème. C'est en cela qu'a résidé la quadrature du cercle. À l'heure actuelle, la minorité allemande en Pologne a une place garantie, et ce n'est pas un problème.



Aujourd'hui, la question se pose en lien avec la crise migratoire. Ou plutôt, comme je l'appelle, aux périples des populations. En l'occurrence aujourd'hui, pour la Pologne en tant qu'État et pays mono-ethnique et mono-national, il s'agit d'un problème d'une nature complètement différente de celui de pays comme l'Allemagne, la Belgique ou la France, pour lesquels la question posée est : quelle doit être la limite fixée à l'ouverture, de manière à préserver la cohésion sociale ?

En revanche, lorsqu'il s'agit de la Pologne, pour les populations dont nous sommes séparés par une grande distance culturelle – je pense ici aux musulmans –, le slogan est actuellement : « Fermons la porte, et plaçons-y un gardien ! »

Mais par ailleurs, en raison des besoins de notre marché du travail, il y a une grande ouverture, et le facteur perçu comme une altérité culturelle dangereuse n'existe pas. C'est d'abord la main-d'œuvre ukrainienne : quelques centaines de milliers de personnes dont la présence ne pose aucun problème. Maintenant, il y a même des mesures incitatives en faveur de l'immigration de Philippins et de Vietnamiens et, qui plus est, à l'initiative du gouvernement PiS ! Les Vietnamiens s'intègrent parfaitement au marché du travail et j'observe moi-même pas mal de mariages mixtes. Bien sûr, il y a des groupes d'extrême droite très bruyants, qui recourent au langage de haine, surtout sur Internet. Pour l'instant au moins, cela reste du niveau de petits problèmes, pas de problèmes majeurs. Par contre, en ce qui concerne l'attitude générale à l'égard des mouvements de population, le parti Droit et Justice a contribué à durcir l'attitude de la société, rendant impossible la tenue d'un débat sur cette question.

**Bronisław Geremek** (1932-2008) : historien, communiste passé à l'opposition démocratique, membre du KOR, conseiller de Lech Wałęsa, devint député dès les premières élections partiellement libres de 1989. Ministre des Affaires étrangères de 1997 à 2000, il devint député au Parlement européen en 2004. Mort accidentellement en 2008.

**Tadeusz Mazowiecki** (né en 1927), écrivain, journaliste et homme politique, fut le premier Premier ministre non-communiste du bloc communiste, au lendemain de la victoire de *Solidarność* aux élections de 1989.



**Jacek Kuroń** (1934-2004) fut le principal leader de l'opposition démocratique polonaise au régime communiste, depuis 1964 jusqu'à la sortie négociée du régime en 1989. Fondateur du KOR, plusieurs fois condamné à la prison, conseiller de Lech Wałęsa, il fut deux fois ministre du Travail et des Affaires sociales.

**Adam Michnik** (né en 1946) : historien, marxiste devenu théoricien de l'opposition au régime communiste, co-fondateur du KOR, il fut désigné par Lech Wałęsa en 1989 pour créer le « journal électoral » (*Gazeta Wyborcza*) destiné à soutenir la campagne électorale de *Solidarność*. Le quotidien est rapidement devenu un grand journal indépendant, distancié du syndicat et de ses dirigeants.

Adam Michnik en est toujours le directeur de la rédaction en titre.

**Adam Mickiewicz** (1798-1855), poète mais aussi activiste politique, parfois surnommé le « barde slave », est l'incarnation littéraire du messianisme polonais. Ses deux œuvres les plus connues sont *Messire Thaddée* (*Pan Tadeusz*, disponible aux Éditions Noir sur Blanc) et *Les Aïeux* (Éditions L'Âge d'Homme).

**Juliusz Słowacki** (1809-1849) : ce poète romantique a également exalté la nation polonaise dans une veine plus mystique. L'une des œuvres les plus connues est le drame romantique *Kordian* (disponible aux Éditions L'Âge d'Homme).



**Cyprian Kamil Norwid** (1821-1883), quasiment ignoré de son vivant, a été redécouvert à la fin du dix-neuvième siècle. Il est assimilé aux grands poètes et dramaturges romantiques bien que des historiens le considèrent comme un classique. On trouvera en français le *Vade-mecum* (Éditions Noir sur Blanc) et *Poèmes* (Éditions L'Âge d'Homme).

**Wojciech Jaruzelski.** Né en 1923, général devenu ministre de la Défense, puis premier secrétaire du Parti communiste et président en 1981. Il a décrété l'état de guerre le 13 décembre 1981, interdisant *Solidarność* dont il a fait interner tous les dirigeants. Huit ans plus tard, Gorbatchev ayant lancé la perestroïka en URSS, c'est aussi Jaruzelski qui a décidé de négocier avec l'opposition démocratique, ouvrant la voie à la sortie du communisme en 1989. Il reste la personnalité la plus controversée de l'histoire récente polonaise, pour sa décision sur l'état de guerre : Jaruzelski maintient qu'il a pris cette décision pour éviter une invasion soviétique imminente, tandis que ses détracteurs l'accusent de trahison nationale.

**Witold Gombrowicz** (1904-1969) est l'un des auteurs polonais majeurs du vingtième siècle. Dans ses œuvres, principalement des fictions écrites à la première personne, il dissèque les tréfonds psychologiques de l'individu et la façon dont il cherche à s'affranchir de son image sociale. Son œuvre, souvent satyrique, est aussi une antithèse délibérée du romantisme polonais du dix-neuvième siècle.

**Sławomir Mrożek**, né en 1930, est surtout connu comme dramaturge dont les pièces sont jouées dans le monde entier. Son théâtre de l'absurde décrit, parfois avec cruauté, l'homme aux prises avec le monde contemporain. Le thème du rapport des Polonais à leur histoire est l'autre grand axe de son œuvre.



**Lech Wałęsa**, né en 1943, électromécanicien aux chantiers navals de Gdańsk dans les années 1970, a pris la tête des grèves de 1980 qui ont débouché sur l'autorisation par le régime communiste de Solidarność (Solidarité), premier syndicat indépendant du bloc soviétique. Récompensé du prix Nobel de la paix, il a présidé en 1989, côté opposition, les négociations des accords de la Table ronde qui ont produit la chute du communisme. En 1990, l'ex-ouvrier a été élu premier président de la Pologne redevenue libre et indépendante. Mais Wałęsa n'a pas laissé un bon souvenir de sa présidence, marquée par les disputes et les divisions au sein de l'ex-opposition démocratique. La droite nationaliste en a d'ailleurs fait sa bête noire, lui contestant son rôle historique dans le renversement du communisme.

# BIBLIOGRAPHIE

À lire pour mieux comprendre l'âme de la Pologne :

**Histoire et essais**

*La Pologne des origines à nos jours*,
Daniel Beauvois (Seuil, 2010)

*Histoire de la Pologne* (traduit de l'anglais),
Norman Davies (Fayard, 1986)

*Une histoire de la Pologne* (traduit du polonais),
Michal Tymowski (Noir sur Blanc, 2003)

*Une histoire des Juifs de Pologne*,
Henri Miczeles (Éditions La Découverte, 2011)

*La Pologne,*
François Bafoil – sous la direction de – (Fayard, 2007)

*La force des incertitudes.*
*La mémoire retrouvée des hommes des confins de la Pologne*,
Dorota Henrot Rzewuska (L'Harmattan, 2004)

**Littérature**

*Journal. Tomes I et II*,
Witold Gombrowicz (Folio)

*Sur les bords de l'Issa*,
Czeslaw Milosz (Gallimard)

*Polococktail Party*,
Dorota Maslowska (Points)

*La vie est un reportage.*
*Anthologie du reportage littéraire polonais*,
(Noir sur Blanc)

TABLE DES MATIÈRES

*Dans la même collection*

Afrique du Sud
Albanie
Allemagne
Alsace
Angleterre
Argentine
Arménie
Australie
Bhoutan
Birmanie
Bordeaux
Brésil
Bretagne
Brussels
Bruxelles
Camargue
Cambodge
Canada
Catalogne
Chypre
Colombie
Congo
Corée du Sud
Corse
Croatie
Crète
Cuba
Écosse
Espagne
États-Unis
Europe
Francophonie
Grèce
Grenoble
Hongrie
Indonésie
Iran
Israël
Italie
Japon
Kenya
Kurdistan
Laos
Léman
Liban
Lituanie
Marquises
Mexique
Milan
Mongolie
Montana
Nice
Pays-Bas
Pologne
Polynésie
Provence
Roumanie
Russie
Rwanda
Sénégal
Serbie
Séville
Sicile
Suisse
Tunisie
Turquie
Ukraine
Valais
Vienne
Vietnam

L'ÂME DES PEUPLES
Une collection dirigée par Richard Werly

Richard Werly est éditorialiste chargé de la France et de l'Europe du quotidien suisse *Blick* et du groupe de presse helvétique *Ringier*, après avoir été correspondant du *Temps* à Bruxelles et Paris. Il est l'auteur de *La France contre elle-même* paru en 2022 aux Éditions Grasset.

Retrouvez et suivez *L'âme des peuples* sur
www.editionsnevicata.be

(@amedespeuples)
(@amedespeuples)
(amedespeuples)

Conception graphique : Aline Baudet
Mise en page : Véronique Lux

Achevé d'imprimer en octobre 2022
sur les presses de l'imprimerie Jan Verhoeven
à Sint-Pieters-Leeuw, Belgique